Weinszene Burgund

Hubrecht Duijker

Weinszene Burgund

Basiswissen und Geheimtipps

Hallwag
München und Bern

Die Originalausgabe dieses Buches erschien unter dem Titel «Het beste van Bourgogne» im Verlag Uitgeverij Het Spectrum, Utrecht

Alle Fotos im Buch stammen aus dem Archiv des Autors.

Hallwag ist ein Unternehmen des Gräfe und Unzer Verlags, München

Deutsche Übersetzung: Rosi Wiegmann, Amsterdam
Umschlaggestaltung: Robert Buchmüller
Umschlagbild: Hans-Peter Siffert, Zürich
Lektorat: Urs Aregger
Satz: Utesch GmbH, Hamburg
Druck und Einband: Eurolitho, S.R.L., Lucca (Italien)
ISBN 3-7742-0035-1

Hallwag

Inhalt

Vorwort

Selektion – so lautet das Schlüsselwort für den Burgunder – und für diesen Führer. In wenigen anderen Weinanbaugebieten ist die sorgfältige Auswahl so entscheidend. Es hat also keinen Sinn, beim Kauf eines Burgunders nur auf dessen Herkunft, beispielsweise auf eine bestimmte Gemeinde oder ein Weingut zu achten. Denn hinter derselben Herkunftsbezeichnung können – und werden – sich höchst unterschiedliche Weine verbergen. Das liegt an der großen Zersplitterung des Grundbesitzes in Burgund. Ein Rebberg mittlerer Größe kann über eine größere Anzahl Eigentümer verteilt sein, die alle ihren eigenen Arbeitsstil haben, wobei der eine gewissenhafter und sachverständiger ist als der andere. Name und Ruf des Winzers stellen daher ein verlässlicheres Gütezeugnis dar als die Orts- oder Flurnamen.

Das Problem besteht jedoch darin, dass es in Burgund derart viele Winzer gibt, etwa 3000 im Beaujolais und weitere 3800 in den übrigen Gebieten, dazu noch eine Reihe von Kooperativen und über 200 Handelshäuser. Dieser Führer will bei dem Versuch, aus diesem Heer von Namen die besten herauszusuchen, Hilfestellung bieten. Überdies möchte er den Weg zu anderen Genüssen weisen, darunter eine besonders attraktive Weinstraße und herausragende regionale Gaststätten.

Wohl bekomm's!

Hubrecht Duijker

Burgund ... das Anbaugebiet und seine Weine

Fünf Gebiete

Die Weinregion Burgund besteht aus fünf Gebieten. Das nördlichste, das auf halber Strecke zwischen Paris und Beaune liegt, ist das Gebiet Chablis und Auxerrois. Wegen des relativ kühlen Klimas und des sehr kalkhaltigen Bodens (insbesondere in Chablis) werden dort hauptsächlich Weißweine erzeugt. Die meisten Rotweine sind eher leicht, aber es gibt ein paar Ausnahmen, darunter bestimmte Sorten Bourgogne Epineuil. Der berühmteste Gebiet ist die Côte d'Or in dem gleichnamigen Departement. Alle legendären Rot- und Weißweine kommen von hier. Das Gebiet beginnt direkt südlich von Dijon und verläuft über den Osthang eines stark ausgeprägten Hügelrückens bis kurz hinter Santenay. Die komplexe Beschaffenheit des Bodens kehrt in besseren Weinen wieder. Denn obwohl diese aus nur einer Rebsorte gemacht werden

Die Kirche von Gevrey-Chambertin

– Pinot noir für den Rotwein, Chardonnay für den Weißwein –, können sie frappante Geschmacks- und Geruchsnuancen aufweisen. Übrigens besteht das Côte-d'Or-Gebiet aus zwei Teilen: Das nördliche nennt sich – nach Nuits-Saint-Georges – Côte de Nuits und liefert vor allem Rotwein, das südliche wurde nach der Weinhauptstadt Burgunds Beaune benannt und heißt Côte de Beaune. Es liefert alle großen Weißweine und vereinzelte namhafte Rotweine. Abgesehen von einer kleinen Unterbrechung schließt sich an die Côte d'Or im Süden das Gebiet Côte Chalonnaise an, das meist abgekürzt als Chalonnais bezeichnet wird. Der dort erzeugte Rot- und Weißwein erreicht zwar nicht die höchste Stufe der Verfeinerung, ist aber sehr zufriedenstellend. Außerdem kostet er im Allgemeinen weniger als die meist teuren Weine von der Côte d'Or. Eine festliche Spezialität des Gebiets ist der im Champagnerverfahren hergestellte Crémant de Bourgogne. Noch südlicher liegt das Mâconnais, wo die Landschaft besonders hügelig ist. Hier dominiert der Weißwein, allen voran der Pouilly-Fuissé, während die Rotweine eine gewisse Ähnlichkeit mit dem Beaujolais aufweisen, welcher aus dem angrenzenden südlichsten Gebiet Burgunds stammt. Der blaue Pinot noir räumt hier endgültig das Feld für den Gamay. Das ist jene Sorte, die Philipp der Kühne höchstpersönlich aus der Côte d'Or verbannt hatte. Der Beaujolais ist zu fast 99% rot. Er wird auf insgesamt etwa 22 500 ha angebaut, was beinahe der Gesamtfläche der anderen vier Gebiete entspricht (25 000 ha).

Die Klöster haben den Weinbau gefördert

Burgund war zunächst ein Königreich, bis es um 900 in ein Herzogtum verwandelt wurde, das ständig an Umfang und Macht gewann. Das geschah nicht nur über kriegerische Auseinandersetzungen, sondern auch auf friedlichem Wege. So verdoppelte sich das Herzogtum im Jahre 1369, als Philips de Stoute Margaretha van Vlaanderen heiratete. Damals wurde der Hof für längere Zeit von Dijon nach Brüssel verlegt. Der aus diesem Zeitraum stammende flämische Einfluss macht sich in Burgund nach wie vor deutlich bemerkbar – unter anderem in den Kunstwerken und den bunten Dächern. Über ein Jahrhundert nach

Schmiedeeiserne Rebe in Chassagne-Montrachet

dieser Heirat verleibte sich Frankreich Burgund ein, das damit zwar seinen Status als Herzogtum verlor, aber nicht den einer Weinregion. In den Klöstern des Benediktiner- und des Zisterzienserordens hatte der Weinbau eine hohe Blüte erreicht, und nach der Französischen Revolution setzten private Winzer und Weinhändler diese Tradition fort. Wein ist seit Menschengedenken einer der Grundpfeiler des Burgunder Lebensstils. An den herzoglichen Höfen floss das Getränk reichlich, und auch die französischen Monarchen liebten den Burgunderwein. Nach der Eroberung des Herzogtums im Jahre 1477 konfiszierte Ludwig XI. sogar die gesamte Volnay-Ernte des Jahres. Dass der Wein den Lebensstil Burgunds auch heute noch prägt, beweist die Begeisterung, mit der man ihm in den zahlreichen regionalen Gaststätten oder auf den alljährlichen Volksfesten zuspricht. Allein schon während des Saint-Vincent Tourante, einem Fest zu Ehren des Schutzpatrons der Winzer, das jedes Jahr Ende Januar eine andere Gemeinde ausrichtet, werden schätzungsweise 30 000 Flaschen entkorkt.

In Burgund setzen sich ungefähr 50 Vereine für die regionalen Weine und Speisen ein – so viele wie sonst nirgendwo. Sie organisieren die so genannten *chapitres*, Zusammenkünfte, die vor allem aus Mahlzeiten bestehen, bei denen viel Wein fließt. In Burgund weiß man das Leben – also auch den Wein – zu genießen.

Vier Kategorien

Obwohl Burgund längst nicht die größte Weinregion Frankreichs ist, umfasst es die meisten Herkunftsbezeichnungen. Die rund 100 Namen entsprechen einem Viertel aller Herkunftsbezeichnungen in Frankreich. Durch gesetzliche Bestimmungen wurden sie in vier Kategorien eingeteilt.

Die einfachsten sind die regionalen *Appellationen*. Sie beziehen sich auf die gesamte Gegend (zum Beispiel roter Bourgogne) oder auf Gebiete beziehungsweise die Gemeindeverbände eines Gebiets (zum Beispiel Beaujolais, Mâcon-Villages, Côte de Beaune Villages).

Eine Stufe höher stehen die Herkunftsbezeichnungen nach Gemeinden, die sich im Prinzip auf eine einzige Gemeinde beziehen (zum Beispiel Gevrey-Chambertin, Mercurey, Fleurie).

Bei der dritten Kategorie handelt es sich um die Premiers crus. Diese werden nach den entsprechend eingestuften Weinbergen einer bestimmten Gemeinde benannt. In Burgund gibt es gleich 562 solcher Parzellen. Sie liegen im Chablis, in der Côte d'Or oder in der Côte Chalonnaise. Auf dem Etikett kann der Name des jeweiligen Weinberges stehen (zum Beispiel Meursault Charmes, Beaune Grèves), aber auch die Angabe 1er cru oder Premier cru genügt. Wenn der Wein aus verschiedenen Weinbergen stammt, ist das sogar Vorschrift.

Als höchste Klasse gilt schließlich der Grand cru, der immer aus einem einzigen Weinberg stammen muss.

Clos de Vougeot hat unzählige Besitzer

In der Côte d'Or gibt es 30 davon, im Chablis sieben (Chambertin, Corton-Charlemagne, Chablis Les Clos usw.).

Zersplitterter Besitz

Die Französische Revolution machte Schluss mit dem Großgrundbesitz in Burgund. Die Weingüter der geistlichen und weltlichen Herrscher wurden unter die Bauern aufgeteilt und dabei zerstückelt. In den nachfolgenden Generationen zerfiel der Weinbergbesitz im Zuge der Erbteilung immer stärker. Am schlimmsten war das in der Côte d'Or, wo zahlreiche Güter nur zwei bis zwölf Hektar groß, aber in Parzellen von fünf bis zehn Rebberge unterteilt sind. Im Bordeaux-Gebiet erzeugt ein Château in der Regel nur einen einzigen Wein, manchmal in zwei oder mehr Varianten, aber in der Côte d'Or gibt es auf den vielen kleinen Gütern eine ganze Reihe von Weinen, die manchmal auch aus angrenzenden oder entfernteren Gemeinden kommen. Diese Zersplitterung führt überdies dazu, dass viele Rebberge keine einheitlichen Weine liefern. So gehört das Clos (de) Vougeot etwa 80 verschiedenen Winzern, die alle ihre eigene Methode haben, mit

Weinkäufer mit tastevin

dem Wein von ihrem Grundstück umzugehen. Daher kommt es in Burgund darauf an, den Namen und Ruf des Winzers zu kennen. Das ist in dieser Region das allerwichtigste Auswahlkriterium. Des Weiteren hat die Zersplitterung zur Entstehung von Handelshäusern (*négociants-éleveurs*) geführt, die kleine Mengen von Trauben, Most oder Wein zu kommerziell verwendbaren Einheiten zusammenfügten. Sie spielen nach wie vor eine bedeutende Rolle, zumal nicht wenige *négociants* selbst Güter besitzen, die oft ihre besten Weine liefern. Verglichen mit den kleinen Grundbesitzern haben in manchen Gebieten die Kooperativen (die übrigens häufig mit Händlern zusammenarbeiten) eine starke Stellung inne. Nicht weniger als 30%

Eine der vielen Burgunder Weinhandlungen

des Beaujolais wird von *caves coopératives* (Kellereigenossenschaften) vinifiziert, und auch der Mâconnais ist in diesen Betrieben immer stark vertreten.

Nur ein paar Rebsorten

Am häufigsten kommt die Gamay-Rebe vor. Sie bildet die Grundlage fast aller Beaujolais und der meisten roten Mâcons sowie Mâcons Supérieurs. Daneben ist sie als wichtigste Sorte im regionalen Bourgogne Passetoutgrain enthalten. Der Wein dieser frühreifen Varietät lässt häufig das Aroma kleiner roter Früchte (Erdbeere, Himbeere, manchmal Johannisbeere) mit etwas dunklem Obst (vor allem Kirsche) erkennen. Dieses Aroma wird durch ein besonderes Gärungsverfahren verstärkt, das man überall im Beaujolais anwendet: die *macération carbonique*, eine Kohlensäuremaischung, bei der die Trauben in ungemahlenem Zustand gären.

Der Großteil aller anderen roten Burgunder besteht aus Pinot noir. Diese Rebsorte ist ziemlich kapriziös und lässt sich schwer kultivieren. Aber in der Côte d'Or gedeiht sie vortrefflich, desgleichen in der Côte Chalonnaise, wo der Wein nur selten eine massive Farbe hat und Kraft und Rückgrat mit Verfeinerung und

Das am Hang gelegene Winzerdorf Pernand-Vergelesses

Milde einhergehen – wenn zu einem guten Boden ein gutes Jahr und nicht zuletzt eine sachkundige Weinbereitung kommen. Das charakteristische Bukett besteht aus reifer roter und dunkler Frucht (Erdbeere, Himbeere, Pflaume, Kirsche, schwarze Johannisbeere, Moosbeere). Daneben kann es blumige (Veilchen, wilde Rosen), tellurische oder animalische Aromen (Herbstwald, frisch gemähtes Gras, Stallgeruch) enthalten. In Burgund steht die Pinot-noir-Rebe auf ungefähr 10 000 ha. Das ist weniger als die Hälfte der Gamay-Fläche. Andere blaue Rebsorten kommen kaum vor. Nur im Norden von Auxerrois wächst ein wenig César und Tressot, die aber nur recht

Das Hôtel-Dieu in Beaune

In Morey-Saint-Denis

selten erwähnenswerte Weine liefern.

Bei den weißen Rebsorten hat der Chardonnay die Oberhand. Diese mittlerweile in der ganzen Welt verbreitete Varietät ist vermutlich auch in Burgund entstanden, und zwar in dem über tausend Jahre alten Dorf Chardonnay (Mâconnais). Aus dem Ertrag der über 12 000 ha großen Chardonnay-Anbaufläche in Burgund werden ganz verschiedenartige Weine hergestellt. Die besten gären und lagern ausnahmslos in Fässern, vereinen fruchtige Aspekte (Zitrus- und tropische Früchte) mit anderen Nuancen, darunter Mineralien, Rahm, Nüsse, Südfrüchte, Blumen, Feuerstein, Gewürze, Holz, Vanille und Toasttöne.

Eine in jeder Hinsicht, auch in der Verbreitung, «kleinere» Rebsorte ist der Aligoté. Die einfachsten Weine der Herkunftsbezeichnung Bourgogne Aligoté schmecken frisch, lebendig und zitrusartig. Die Bouzeron-Weine (Côte Chalonnaise) sind jedoch kompletter und komplexer. Zwei andere zugelassene Rebsorten sind Pinot blanc und Pinot gris. Sie werden ebenfalls angebaut, wenn auch in bescheidenem Maßstab, insbesondere in den Hautes Côtes, dem Hinterland der Côte d'Or.

BERÜHMTE BRUDERSCHAFT

La Confrérie des Chevaliers du Tastevin ist die berühmteste aller Bruderschaften. Die rotgolden kostümierten «Ritter des Probenapfes» sind die Besitzer des Château de Vougeot. Dort finden auch ihre wichtigsten Veranstaltungen statt. An ihren Diners nehmen fast 600 Personen teil. Bei solchen Anlässen kommt eine Hundertschaft Personal zum Einsatz; die Bruderschaft beschäftigt ständig drei Köche. Die Zahl der Mitglieder, die sich aus der ganzen Welt rekrutieren, liegt mittlerweile bei 12000. Die Chevaliers zeichnen alljährlich auch Weine mit dem Tastevinage-Etikett aus. Die Weinprobe obliegt einer Jury, der etwa 250 Personen angehören. Sie verkosten über tausend Proben. 30 bis 40% der zur Auswahl stehenden Weine erhalten im Allgemeinen das begehrte Prädikat.

Während eines chapitre im Château de Vougeot

Die allerbesten ... Chablis-Weine

Gleich nördlich der Kleinstadt Chablis liegt eine Hügelkette, deren Südhang gänzlich von Rebstöcken bedeckt ist. Der Boden besteht aus einer dicken Kalkschicht des für dieses Gebiet so charakteristischen Typs Kimmeridgium, und der Einfallswinkel der Sonne ist für den Rebbau perfekt. An diesem etwa 105 ha großen Hang liegen daher auch die besten Weinberge, von denen *Grands crus* kommen, die der Chablis-Spitzenklasse zuzurechnen sind.

Blanchot/Les Blanchots

Dieses am südlichsten gelegene Gelände liefert die zartesten, subtilsten Weine aller Grands crus. Trotz ihrer recht eleganten Struktur eignen sie sich ausgezeichnet zur Flaschenalterung. Empfohlene Hersteller: Domaine Billaud-Simon (Chablis), Domaine Laroche (Chablis), Domaine Long-Depaquit (Chablis; im Besitz des in Beaune ansässigen Hauses Albert Bichot), Domaine Raveneau (Chablis), Guy Robin (Chablis) und Domaine Vocoret et Fils (Chablis).

Grand-cru-Rebberge im Chablis

Gedeckter Tisch im besten Restaurant von Chablis, der Hostellerie des Clos

Bougros

Kraft, Frische und Frucht kennzeichnen die Weine dieses Gartens, der die Nordwestgrenze des *Grand-cru*-Territoriums bildet.

Empfohlene Hersteller: Jean-Marc Brocard (Préhy), Domaine du Colombier (Fontenay-près-Chablis), Joseph Drouhin (Beaune; Handelshaus), Domaine William Fèvre (Chablis) und Domaine Laroche (Chablis).

Les Clos

Hier handelt es sich mit Abstand um den größten und zugleich den berühmtesten *Grand cru.* Die Weine dieses Weinbergs vereinen fruchtige, mineralische und steinige Elemente aufs Köstlichste, während Toast- und Holztöne für eine zusätzliche Dimension sorgen. Ein Les Clos übersteht ein oder zwei Jahrzehnte meist mit Leichtigkeit.

Empfohlene Hersteller: Domaine Billaud-Simon (Chablis), Domaine Pascal Bouchard (Chablis), René et Vincent Dauvissat (Chablis), Jean-Paul Droin (Chablis), Joseph Drouhin (Beaune), Caves Duplessis (Chablis), Domaine William Fèvre (Chablis), Alain Geoffroy (Beines), Domaine Long-Depaquit (Chablis), Louis Michel et Fils (Chablis), J. Moreau et Fils (Chablis; auch Exklusivanbieter des Weins vom Clos

ERSTE KLASSE

Es gibt einige *Premier-cru*-Rebberge, die Weine mit *Grand-cru*-Charakter erzeugen. Das markanteste Beispiel dafür ist Fourchaume. Gemeint ist allerdings nur der Wein aus dem eigentlichen La-Fourchaume-Garten und nicht jener von den angrenzenden Parzellen, die offiziell auch zur *Premier-cru*-Klasse gehören.

des Hospices, einer Parzelle auf dem Gelände von Les Clos), Domaine Pinson (Chablis), Domaine Raveneau (Chablis) und Domaine Vocoret et Fils (Chablis).

Grenouilles

Dieser zentral gelegene *Grand cru* liefert lebendige, erfrischende, mineralische Weine, die im Allgemeinen auch recht expressiv sind: Ihr Bukett springt einem förmlich aus dem Glas entgegen.

Empfohlene Hersteller: Jean-Paul Droin (Chablis), Château Grenouille (Chablis; ein Exklusivangebot der Kooperative La Chablisienne) und Louis Michel et Fils (Chablis).

Das Dorf Chablis vom Weinberg Les Clos aus gesehen

Les Preuses

Die Weine aus dem oberhalb von Bougros gelegenen Weinberg sind meist etwas weicher, runder und fetter als die anderen, zudem auch nicht so mineralisch. Die besten Sorten haben auch Frucht und eine gewisse Finesse.
Empfohlene Hersteller: Domaine Billaud-Simon (Chablis), La Chablisienne (Chablis), Jean Dauvissat (Chablis), René et Vincent Dauvissat (Chablis), Domaine William Fèvre (Chablis) und Domaine Long-Depaquit (Chablis).

Valmur

Die Weine dieses sowohl an Les Clos als auch an Grenouilles grenzenden Grand crus sind kräftig, blumig und sehr komplex. Oftmals weisen sie Nuancen von Zitrusfrüchten wie Limonen und einen delikat-würzigen mineralischen Einschlag auf. Sie eignen sich gut zur Flaschenalterung.
Empfohlene Hersteller: Domaine Jean Collet et Fils (Chablis), Jean-Paul Droin (Chablis), Domaine William Fèvre (Chablis), Domaine des Iles/Gérard Tremblay (Chablis), Moreau-Naudet et Fils (Chablis), Domaine Raveneau (Chablis) und Guy Robin (Chablis).

Vaudésir(s)

Finesse, Frische, Frucht und ein gewisser mineralischer Einschlag kennzeichnen die blumigen Vaudésir(s)-Weine. Man preist sie als die vollkommensten Weine des Chablis, und manche Kenner stellen sie über die etwas wuchtigeren Weine von Les Clos.
Empfohlene Hersteller: Domaine Billaud-Simon (Chablis), Joseph Drouhin (Beaune), Domaine William Fèvre (Chablis), Domaine Alain Geoffroy (Beines), Domaine Long-

Weinkeller in der Ortschaft Chablis

Depaquit (Chablis; führt auch La Moutonne, der von einer Parzelle stammt, die sowohl auf dem Gelände von Vaudésir als auch von Les Preuses liegt), Domaine des Malandes (Chablis) und Louis Michel et Fils (Chablis).

Chablis

La Chablisienne Diese vortreffliche Kooperative erzeugt aus der Traubenernte ihrer etwa 280 Mitglieder ein breites Spektrum regionaler Weine.

Domaine Jean Collet et Fils Das Gut ist über zwei Jahrhunderte alt und besitzt ein schönes Kellergewölbe, in dem die Fässer lagern. Sonntags und in der zweiten Augusthälfte geschlossen.

Jean Dauvissat Der Betrieb residiert in einem ehemaligen Pfarrhaus mit Kellern aus dem 17. Jahrhundert. Sonntags geschlossen.

Domaine Long-Depaquit Das hübsche kleine Schloss stammt vom Ende des 18. Jahrhunderts und be-

GASTLICHE WINZER

Bei einigen der hier empfohlenen Herstellern werden Besucher besonders gastlich aufgenommen. Diese Häuser tragen das Schild Bourgogne de Vignes en Caves.

Château de Maligny, eines der größten Weingüter in Burgund

Ausgeschilderter Weinwanderweg

sitzt einen prachtvollen alten Keller. Das Gut ist 60 ha groß und liefert exzellente Weine. Besucher werden in der Orangerie empfangen. Sonntags geschlossen.

Préhy

Domaine Jean-Marc Brocard In dem Ort Préhy, der eine schöne Kirche vorweisen kann, liegt das Weingut Brocard. Es hat einen Keller, wo man die Wurzeln der Rebstöcke sehen kann. Sonntags, montags, feiertags und in der zweiten Augusthälfte geschlossen.

Die köstlichsten ...
regionalen Gerichte

Ein Paradies für Feinschmecker», so nannte Curnonsky Burgund. Denn hier bekommt man nicht nur herrliche Weine, sondern eine fast ebenso famose Küche geboten. Die *cuisine bourguignonne* hat rustikalen Charakter, basiert auf regionalen Zutaten und ist sehr geschmacksintensiv. Zudem bietet sie Gerichte, die nirgendwo anders zubereitet werden.

Eine der bekanntesten Vorspeisen ist *jambon persillé*, ein Weißweingelee mit Schinkenstückchen, viel fein gehackter Petersilie, Schalotten und Knoblauch. Diese traditionelle Osterspeise wird heute das ganze Jahr über angeboten.

Zum klassischen Repertoire gehören auch die *escargots de Bourgogne*, kleine Weinbergschnecken (ein Dutzend pro Person), die mit Kräutern und Knoblauch zubereitet werden.

Eine andere, typisch burgundische Vorspeise sind die *œufs en meurette*, pochierte (verlorene) Eier in einer Rotwein-Zwiebel-Sauce, die auf gebratenem Brot serviert werden.

Froschschenkel (französisch *cuisses de grenouilles)* stehen seit jeher auf

der Speisekarte, genau wie der *salade des vignerons* mit gekochtem Ei, Hühnerleber und Speckstückchen. Im südlichsten Gebiet heißt er *salade beaujolaise*.

In der ganzen Region sind die *andouillettes* beliebt, Würstchen, für die es zahllose Rezepte gibt. Die Fleischerei Rousselet am Markt von

Chablis etwa bereitet schon seit 1880 die schmalen *andouillettes de Chablis*, die man in der Röhre oder auf dem Grill brät.

Die Hauptspeise *pochouse* enthält verschiedene Süßwasserfische (darunter Karpfen, Aal und Hecht), Weißwein, Zwiebeln und Knoblauch; dazu wird geröstete Baguette mit Knoblauch gereicht.

In den Beaujolais-Dörfern, aber auch im Norden Burgunds bekommt man *coq au vin*. Dieser geschmorte Fleischtopf enthält auch Rotwein, Speckstückchen, Zwiebeln sowie Champignons.

Ebenfalls geschmort wird das große klassische Regionalgericht *Bœuf bourguignon*, in dem die Rindfleischwürfel mit Rotwein, Speckstückchen, Champignons, Zwiebeln und Möhren kombiniert werden.

Um ein mariniertes Gericht aus der Röhre handelt es sich beim *rable de lièvre à la piron*, einem Hasenrücken mit Weißweinsauce. Zu den Zutaten gehören auch grüne Trauben und Speckstückchen.

Der beste Burgunder Käse ist der orangefarbene *Epoisses*, der aus Kuhmilch bereitet wird. Er schmeckt sanft und hat einen Anflug von Marc de Bourgogne; dieser hochprozentige Geist gehört zu den Zutaten. Eine kleinere Variante dieses Käses

Jambon persillé

wird in Gevrey-Chambertin unter dem Namen *L'Ami du Chambertin* erzeugt.

Des Weiteren werden in Burgund viele Ziegenkäsesorten hergestellt. Am häufigsten habe ich den *Chèvre* gekostet, etwa den jungen Frischkäse im Mâconnais.

Die allerfeinsten …
roten Burgunder

Obwohl aus der Côte de Beaune fantastische Rotweine – wie der *Grand cru* Corton und die *Premiers crus* von Volnay sowie Pommard – kommen, tragen die allerbesten die Herkunftsbezeichnung Côte de Nuits. Es handelt sich um gehaltvolle Burgunder, die meist zugleich kräftig und graziös sind, unverkennbar vornehm wirken und nach Jahren eine seidene Glätte entwickeln. Die betreffenden Rebberge werden als *Grands crus* eingestuft. Aber nicht alle *Grands crus* liefern eine vergleichbare beziehungsweise eine ebenso gleichmäßige Qualität. Die folgende Auswahl enthält ausgezeichnete Rebberge, die im Allgemeinen auch ausgezeichneten Rotwein anbieten. Sie sind nach der zugehörigen Gemeinde geordnet. Bei jedem *Grand cru* werden auch einzelne Hersteller empfohlen. Ihre Adresse findet man am Ende dieses Kapitels.

Chambolle-Musigny im Licht eines Herbstmorgens

Parzellen in Bonnes Mares

Chambolle-Musigny

Bonnes Mares

Der größte Teil dieses Weingutes liegt in Chambolle-Musigny, während der Rest zu Morey-Saint-Denis gehört. Sein Wein verlangt Geduld. Es dauert nämlich im Allgemeinen 10 bis 20 Jahre, bevor er sich in voller Pracht entfaltet und die anfangs vorherrschenden Tannine verloren hat. Typische Merkmale seines Aromas sind rote und dunkle Früchte, darunter schwarze Johannisbeere, manchmal auch Nuancen von Unterholz sowie solche von Holz, Vanille und Toast – das Ergebnis des stets angewendeten Fassausbaus.

Empfohlene Hersteller: Domaine Arlaud Père et Fils, Domaine Drouhin-Laroze, Domaine Robert et Serge Groffier, Louis Jadot, Dominique Laurent und Domaine Georges Roumier.

Musigny

Empfohlene Hersteller: Louis Jadot, Domaine Leroy, Domaine Jacques Prieur, Domaine Georges Roumier und Comte Georges de Vogüé.

Gevrey-Chambertin

Finesse ist das Merkmal des roten Musigny (es gibt auch eine kleine Menge weißen Musigny, der aber nicht das gleiche Niveau hat). Der Wein weist weiche, dezente Nuancen von reifer roter Frucht, Veilchen und Rosen auf und besitzt die

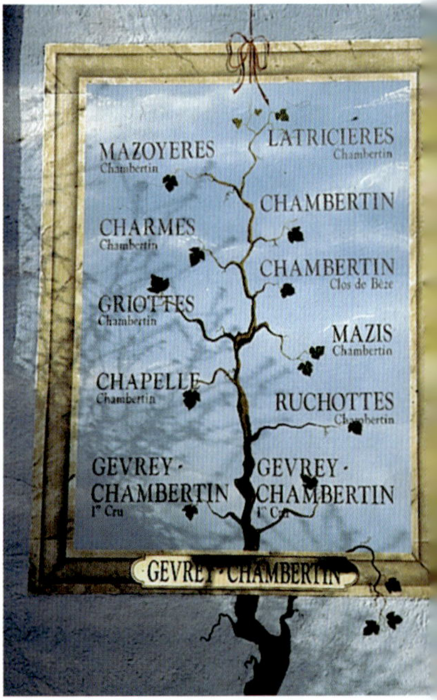

Straßenmauer in Gevrey-Chambertin

durchsichtige Zartheit eines Aquarells. Der Schriftsteller Gaston Roupnel schrieb, er sei «aus Seide und aus Spitze» und verglich sein Bukett mit dem «eines nassen Gartens», in dem die Rose und das Veilchen mit «Morgentau» bedeckt sind.

Chambertin

Man hat den Wein von Le Chambertin schon mit der fünften, siebten und neunten Sinfonie von Beethoven verglichen und ihm auch viele andere Lobeshymnen gesungen. Er wird als der vollendetste Burgunder betrachtet, als der Wein, dem es an nichts fehlt: Farbe, Körper, Bouquet, Kraft und Finesse. Le Chambertin ist der Superlativ des roten Burgunders.
Empfohlene Hersteller: Domaine Bertagna, Philippe Charlopin, Domaine Pierre Damoy, Domaine Leroy, Domaine Denis Mortet, Domaine Henri Rebourseau, Domaine Louis Rémy, Domaine Rossignol-Trapet, Domaine Armand Rousseau Père et Fils, Domaine Tortochot, und Domaine Trapet Père et Fils.

Chambertin Clos de Bèze

Die Rebberge Chambertin und Chambertin Clos de Bèze grenzen direkt aneinander. Im übertragenen

In Chambertin Clos de Bèze

Sinne gilt das auch für ihre Weine. Die Weine von Chambertin Clos de Bèze haben vielleicht etwas mehr Rasse und Finesse, was man aber erst feststellen kann, wenn man beide Sorten bei ein und demselben Winzer und aus ein und demselben Jahr hintereinander verkostet (etwa in der Domaine Pierre Damoy, die Parzellen in beiden Gärten besitzt).
Empfohlene Hersteller: Domaine Bruno Clair, Domaine Pierre Damoy, Domaine Drouhin-Laroze, J. Faiveley, Domaine Robert Groffier et Fils, Louis Jadot, Dominique Laurent, Domaine Rossignol-Trapet, Domaine Armand Rousseau Père et Fils und Domaine Trapet Père et Fils.

Auch einige der übrigen *Grands crus* in Gevrey-Chambertin verdienen hier Erwähnung. Diese zweitbesten Weinberge liefern Weine, die normalerweise etwas weniger Körper oder Nuancen aufweisen als jene von Chambertin und Chambertin Clos de Bèze. Sie schmecken aber dennoch ausgesprochen köstlich. Nach der Qualität aufgelistet, handelt es sich um *Mazi(s) Chambertin*, *Latricières-Chambertin*, *Charmes-Chambertin (Mazoyères-Chambertin ist mit diesem identisch)* und *Griotte(s)-Chambertin*.

Der Keller von Clos de Tart

Morey-Saint-Denis

Clos de la Roche

Aus dem sehr kalk- und kieselhaltigen Weinberg Clos de la Roche, der an Gevrey-Chambertin grenzt, kommen großartige, dunkelfarbige, konzentrierte Weine, die meist mindestens ein Jahrzehnt brauchen, um sich zu entfalten.
Empfohlene Hersteller: Domaine Arlaud Père et Fils, Domaine Dujac, Domaine Hubert Lignier, Domaine Ponsot, Domaine Louis Rémy und Domaine Armand Rousseau Père et Fils.

Clos Saint-Denis

Während der Wein von Clos de la Roche häufig eine gewisse Ähnlichkeit mit dem von Chambertin aufweist, liegt jener von Clos Saint-Denis eher auf derselben Linie wie jener von Musigny. Kraft und Körper machen Platz für Zartheit und Finesse, aber der Wein hat genug Rückgrat für gute Flaschenalterung.
Empfohlene Hersteller: Domaine Arlaud Père et Fils, Domaine Bertagna, Philippe Charlopin, Domaine Dujac, Domaine André Gagey/ Louis Jadot, Domaine Heresztyn, Domaine Jean-Paul Magnien, Domaine Michel Magnien Père et Fils und Nicolas Potel.

Das legendäre Weingut Romanée-Conti

Zwei andere *Grands crus* aus Morey-Saint-Denis liefern sehr gute Weine: *Clos des Lambrays* (Domaine des Lambrays) und *Clos de Tart* (Haus Mommessin).

Vosne-Romanée

Richebourg

Es gibt nicht viele Weine auf der Erde, die so generös und fleischig wie die von Le Richebourg sind. Die Burgunder aus diesem Rebberg haben einen fast dekadenten Charakter und eine samtige, zuweilen etwas schwüle Frucht, die mit würzigen und blumigen Elementen angereichert ist. Dazu kommen auch noch Toasttöne vom Fassausbau. *Empfohlene Hersteller:* Domaine Jean Grivot, Domaine Anne Gros, Domaine A.-F. Gros, Domaine Leroy, Domaine Méo-Camuzet, Denis et Dominique Mugneret und Domaine de La Romanée-Conti.

Romanée-Conti

Dass der Weinberg La Romanée-Conti neben Ton, Kiesel, Kalk und Aluminium auch Eisen enthält, verrät sein rötlicher Boden. Der Wein, der hier wächst, ist ganz einzigartig und im besten Fall vollendet. Nach ausreichender Reifezeit, die etwa 15 Jahre dauert, entwickelt der Romanée-Conti ein sublimes, fesselndes Parfüm und einen konzentrierten, komplexen Geschmack, in dem Fülle, Finesse und Satin eine har-

Im Dorfzentrum von Vosne-Romanée

monische Verbindung eingehen. Der Wein kann neben viel reifer Frucht und einem blumigen Bukett mit dem Duft wilder Rosen und Veilchen eine beinahe exotische Würzigkeit aufweisen. Roald Dahl lobte ihn wie folgt: «Einen Romanée-Conti zu trinken ist, als ob man einen Orgasmus in Mund und Nase zugleich erlebte.»
Empfohlener Hersteller: Domaine de La Romanée-Conti.

Romanée-Saint-Vivant
Der Romanée-Saint-Vivant ist etwas zurückhaltender als der Richebourg oder der Romanée-Conti und hat auch nicht deren Fülle. Dennoch ist dieser Burgunder recht verführerisch: sinnlich, parfümiert und elegant mit schöner, würziger Frucht.
Empfohlene Hersteller: Domaine Jean-Jacques Confuron, Alain Hudelot-Noëllat, Louis Latour, Domaine Leroy, Nicolas Potel und Domaine de La Romanée-Conti.

La Tâche
Am Wein von La Tâche fällt die ungezügelte Erdigkeit auf, die ihm einen ganz eigenen Charakter verleiht. Er enthält auch Anflüge von Champignons, reifer roter Frucht, Spezereien (darunter Lorbeer), frisch gemähtem Unkraut und dem

besten Holz. Dieser Burgunder ist überdies ausgesprochen verlässlich und hat auch in weniger guten Jahren bemerkenswerte Klasse.
Empfohlener Hersteller: Domaine de La Romanée-Conti.

In Vosne-Romanée und dem angrenzenden Flagey-Echézeaux werden auch köstliche Weine von anderen *Grands crus* bereitet, nämlich *La Romanée*, *Grands Echézeaux*, *Echézeaux* und *La Grande Rue*.

Die führenden Weinproduzenten und ihr Geschäftssitz

J. Faiveley (Handelshaus) *Nuits-Saint-Georges*
Domaine André Gagey/Louis Jadot (Handelshaus) Beaune
Domaine Jean Grivot Vosne-Romanée
Domaine Robert et Serge Groffier Morey-Saint-Denis
Domaine Anne Gros Vosne-Romanée
Domaine A.-F. Gros Vosne-Romanée
Domaine Heresztyn Gevrey-Chambertin
Alain Hudelot-Noëllat Chambolle-Musigny
Louis Jadot (Handelshaus) Beaune
Louis Latour (Handelshaus) Beaune
Dominique Laurent (Handelshaus) Nuits-Saint-Georges
Domaine Leroy Vosne-Romanée
Domaine Hubert Lignier Morey-Saint-Denis
Jean-Paul Magnien Morey-Saint-Denis
Domaine Michel Magnien Père et Fils Morey-Saint-Denis
Domaine Méo-Camuzet Vosne-Romanée
Domaine Denis Mortet Gevrey-Chambertin
Denis et Dominique Mugneret Vosne-Romanée
Domaine Ponsot Morey-Saint-Denis
Nicolas Potel (Handelshaus) Nuits-Saint-Georges
Domaine Jacques Prieur Meursault
Domaine Henri Rebourseau Gevrey-Chambertin
Domaine Louis Rémy Morey-Saint-Denis
Domaine de La Romanée-Conti Vosne-Romanée
Domaine Rossignol-Trapet Gevrey-Chambertin
Domaine Armand Rousseau Père et Fils Gevrey-Chambertin
Domaine Georges Roumier Chambolle-Musigny
Domaine Tortochot Gevrey-Chambertin
Domaine Trapet Père et Fils Gevrey-Chambertin
Comte Georges de Vogüé Chambolle-Musigny

Die geistreichsten ... Aussprüche

«Den Bordeaux schätze ich mit dem Verstand, aber mit dem Herzen bin ich ein Liebhaber des Burgunders.»
(Gene Wilder in *Decanter*)

«Burgunder war der weinigste Wein, der zentrale, der wesentliche und typische Wein, die Seele und das größte allgemeine Vorbild für alle Qualitätsweine der Welt.»
(Charles Edward Montague)

«Beaujolais: Je mehr man davon trinkt, desto netter wird die eigene Frau, desto treuer die Freunde, desto sonniger die Zukunft und desto erträglicher die Menschheit.»
(Gabriel Chevallier)

«Nirgendwo erscheint einem die Zukunft rosiger als durch ein Glas Chambertin.»
(Alexandre Dumas)

«Die meisten Weintrinker sind von der heilsamen Wirkung des Weins überzeugt. Ich selbst bevorzuge, wenn eine Erkältung im Anzug ist, drei Tropfen Burgunder in jedem Nasenloch.»
(Richard Smith, amerikanischer Schriftsteller)

«Durch Lyon, die Hauptstadt der französischen Küche, fließt neben der Saône und der Rhône noch ein dritter Fluss: der Beaujolais; ein Fluss aus Rotwein, der nie trüb ist und niemals austrocknet.»
(Léon Daudet)

«Ihren Beaune serviere ich all meinen Freunden, aber Ihren Volnay behalte ich für mich selbst.»
(Voltaire)

«Mit 20 Jahren dachte ich, erstens habe ein Wein rot zu sein und zweitens solle er ein Burgunder sein. In 40 Jahren habe ich das Vertrauen an vieles verloren, aber den Glauben daran nicht.»
(Alec Waugh)

«Wenn Bordeaux die Königin aller Weine ist, dann ist Burgund der König.»
(Georges Saintsbury)

«Ich besitze einen ganz schlichten Hausburgunder ohne jede Besonderheit, aber ich glaube, seine Anmaßung wird dich amüsieren.»
(James Thurber)

Das Beste ... von den Hautes Côtes

Als einige Winzer vor drei bis vier Jahrzehnten noble Rebsorten im hohen Hinterland der Côte d'Or anzupflanzen begannen, erklärte man sie für verrückt. Schließlich herrscht in den *Hautes Côtes* ein kühleres und eher zu Frost neigendes Klima als in der niedriger gelegenen Côte d'Or mit ihren vielen günstig gelegenen Hängen. Daher hatte bis dahin dort vor allem die Rebsorte Aligoté gestanden, aus der ein frischer Weißwein bereitet wird. Rückblickend haben die Pessimisten Unrecht bekommen. Wenn die Standorte sorgfältig gewählt sind, liefert das Hinterland sehr befriedigende Weiß- und Rotweine zu ausgesprochen redlichen Preisen. Die besten, die von der Chardonnay- beziehungsweise der Pinot-noir-Rebe stammen, haben sogar so viel Körper, dass sie im Fass lagern können. Seit 1967 gibt es in dem Gebiet zwei Herkunftsbezeichnungen: Bourgogne Hautes Côtes de Beaune (das größte Gelände, das im Allgemeinen die bessere Qualität liefert) und Bourgogne Hautes Côtes de Nuits.

Das in grüne Hügel eingebettete Winzerdorf Arcenant

Bourgogne Hautes Côtes de Beaune

In Echevronne: Pierre Cornu-Camus, Domaine Jean Féry et Fils (Besuch ist täglich möglich, mit Ausnahme der zweiten Augusthälfte) und Domaine Lucien Jacob.

In Meloisey: Denis Carré, Domaine Mazilly Père et Fils und Domaine Parigot Père et Fils.

In Nantoux: Domaine François Charles et Fils, Domaine Gilbert et Philippe Germain, Domaine Joliot (gastliche Aufnahme das ganze Jahr über) und Christian Menaut.

In Nolay: Christian Bergeret und Jean-François Changarnier.

In La Rochepot: Lucien Rateau.

Bourgogne Hautes Côtes de Nuits

In Arcenant: Alain Verdet.

In Curtil-Vergy: Yves Chaley/ Domaine du Val de Vergy.

In Chambœuf: Blanche et Henri Gros.

In Magny-lès-Villers: Claude Cornu, Domaine Glantenet Père et Fils (Besucher sind willkommen) und Domaine Henri Naudin-Ferrand (beonders freundlicher Empfang).

Marey-lès-Fussey: Guy Simon et Fils und Domaine Thévenot-le-Brun et Fils (Besucher sind gern gesehen).

In Messanges: Thierry Vigot-Battault.

In Villars-Fontaine: Bernard Hudelot/Domaine de Montmain.

In Villers-la-Faye: Château de Villers-la-Faye.

Die allerbesten ... weißen Burgunder

An Burgunds größte Weißweine reicht kein anderer heran. Dank ihrer einzigartigen Kombination von Finesse, Kraft und Komplexität sind sie ganz einfach Weltspitze. Überschwänglich oder besonders fruchtig geraten sie selten, im Gegensatz zu vielen der besseren australischen oder kalifornischen Chardonnays. Der Burgunder ist eher zurückhaltend und elegant, was allerdings mit viel Tiefgang, Frühlingshaftigkeit und einer breiten, manchmal fast geheimnisvollen Palette von Aromen einhergeht, die meist nur subtil anklingen. Die weiße Burgunder-Elite der Côte d'Or findet sich in den *Grands crus* von Aloxe-Corton (und den Nachbargemeinden), Chassagne-Montrachet und Puligny-Montrachet. Einige *Premiers crus* der letzten beiden Dörfer sowie von Meursault liefern ebenfalls großartige Weine.

Es handelt sich dabei um die folgenden *Grands crus:*

Der Corton-Charlemagne kommt hauptsächlich aus Aloxe-Corton

Die Südseite des Corton-Hügels

Corton-Charlemagne
Auf einem Hügel oberhalb von Aloxe-Corton (und innerhalb von Pernand-Vergelesses und Ladoix-Serrigny) wird der in jeder Hinsicht eindrucksvolle Corton-Charlemagne geerntet. Er muss mindestens fünf Jahre reifen, bis er sein ganzes Bukett entfaltet, aber dann betört er die Sinne mit einer Vielfalt von Nuancen, darunter häufig Nüsse, Süd- und Zitrusfrüchte, Feuerstein, Mineralien, Toast und zuweilen ein Hauch Honig. Außerdem hat er einen nicht enden wollenden Abgang.

Montrachet

Bâtard-Montrachet
Ein schmaler Weg trennt die *Grands crus* Le Montrachet und Bâtard-Montrachet, und es fällt zuweilen schwer, die beiden Weine auseinander zu halten. Der Bâtard-Montrachet hat gewöhnlich einen stilvollen, zartfrischen, verfeinerten und trotzdem kräftigen Geschmack, der Spuren von kandierten und getrockneten Südfrüchten, Honig, sanften Gewürzen, Mineralien, Vanille und Toast enthält.
Der von niedrigen Mauern mit Pforten umgebene Rebberg Le Montrachet gehört sowohl zu Chassagne-Montrachet als auch zu Puligny-Montrachet. Über den hiesigen

Wein schrieb Alexandre Dumas, man müsse ihn «auf den Knien und mit entblößtem Haupt» trinken, und ein anderer Liebhaber meinte, vom Bukett des Montrachet gehe dieselbe «Kraft und Salbung» wie vom Gesang in einer gotischen Kathedrale aus. Der Wein ist in der Tat nur mit Superlativen zu beschreiben. Wenn er ausgereift ist, bietet er eine faszinierende Mischung aus allerreifster, allerreinster, kurz in Honig getunkter Frucht, weichen Säuren, Spezereien (darunter manchmal Zimt), Mandeln, Blumen und Toasttönen vom besten Eichenholz: Und sein Abgang hält minutenlang an.

Ein Restaurant in Puligny-Montrachet

Chevalier-Montrachet

Da die Weinberge von Chevalier-Montrachet nahtlos in den von Le Montrachet übergehen, würde man wohl kaum einen Unterschied zwischen den beiden vermuten. Der Boden von Chevalier enthält aber mehr Kalk. Dadurch besitzt der Wein – neben seiner Finesse und Länge – einen mineralischeren Einschlag. Meist ist er auch nicht so körperreich wie der Wein von Le Montrachet und Bâtard-Montrachet, was aber nicht heißen soll, dass er kein überragender Burgunder wäre. Neben dem mineralischen Aspekt besitzt er auch typische Anklänge der beiden anderen Montrachet-Weine, nämlich Zitrus- und Südfrüchte, Honig, Mandeln, Spezereien und Toasttöne.

Bienvenues-Bâtard-Montrachet

Dieser *Grand cru* wächst als ein Ausläufer von Bâtard-Montrachet, und seine Ernte wurde früher auch unter diesem Namen verkauft. Der Wein von Bienvenues-Bâtard-Montrachet ähnelt dem Bâtard-Montrachet immer noch sehr. Manchmal hat er etwas mehr Finesse. Er ist zugleich fruchtig, blumig und mineralisch und besitzt Würze, Honig und Toast. Man sollte ihn im Allgemeinen fünf bis sieben Jahre liegen lassen.

Criots-Bâtard-Montrachet

Dies ist der seltenste aller Spitzenweine: Pro Jahr werden im Durchschnitt nur 8500 Flaschen davon bereitet. Dennoch muss eine sorgfältige Auswahl getroffen werden, denn nicht alle Winzer liefern die gleiche hohe Qualität. Im besten Fall bietet der Criots-Bâtard-Montrachet eine imposante Palette, die von reifen und trotzdem frischen Zitrusfrüchten über Honig, Blütenduft und Gewürzen bis zu getoasteter Eiche reicht.

Empfehlenswert sind auch die folgenden *Premiers crus*:

In Chassagne-Montrachet: Abbaye de Morgeot, Les Caillerets, Les Chenevottes, Clos Saint-Jean, La Dent de Chien, Les Grandes Ruchottes, La Maltroie, Morgeot, Morgeot-Clos Pitois und Les Ruchottes.

In Puligny-Montrachet: Champ Canet, Champ Gain/Les Champs Gains, Clavoillon, Clos du Cailleret, Les Combettes, Les Folatières, La Garenne und La Truffière.

In Meursault: Les Charmes, Les Charmes-Dessus, Clos des Perrières, Les Genevrières und Les Perrières.

Welche Produzenten dieser großen Burgunder sind die besten? Mindes-

tens ein Wein, meist aber verschiedene sind bei den folgenden Winzern zu finden.

Auxey-Duresses
Leroy/Domaine d'Auvenay

Chassagne-Montrachet
Château de la Maltroye
Coutout-Moret Associés
Domaine Bachelet-Ramonet Père et Fils
Domaine Blain-Gagnard
Domaine Bernard Colin et Fils
Domaine Michel Colin-Deléger et Fils
Domaine Marc Morey et Fils
Domaine Michel Niellon
Domaine Jean Pillot et Fils
Domaine Ramonet

Meursault
Château Génot-Boulanger
Domaine Michel Bouzereau et Fils
Domaine Hubert Bouzereau-Gruère
Domaine Jean-François Coche-Dury
Domaine des Comtes Lafon
Domaine Albert Grivault
Domaine François Jobard
Domaine Rémi Jobard
Domaine Pierre Morey
Domaine Jacques Prieur
Domaine Roulot

Pernand-Vergelesses
Domaine Bonneau du Martray

Das Gemeindehaus von Meursault

Pommard
Domaine Jean-Marc Boillot

Prémeaux-Prissey
Maison Bertrand Ambroise

Puligny-Montrachet
Chartron et Trébuchet/Domaine Jean Chartron
Domaine Louis Carillon et Fils
Domaine du Château de Puligny-Montrachet
Domaine Henri Clerc et Fils
Domaine Leflaive
Olivier Leflaive

Saint-Aubin
Domaine Jean-Claude Bachelet
Domaine Marc Colin et Fils

Santenay
Domaine Roger Belland
Domaine Lequin-Colin

Savigny-lès-Beaune
Domaine Antonin Guyon

Vosne-Romanée
Domaine de La Romanée-Conti

Des weiteren haben ein paar Handelshäuser in *Beaune* mehrere große weiße Burgunder im Sortiment, da sie eigene Parzellen in den entsprechenden Gärten besitzen oder Verträge mit den Besitzern abgeschlossen haben. Es handelt sich um die Firmen Bouchard Père et Fils, Joseph Drouhin, Louis Jadot und Louis Latour.

Die attraktivsten ... Geschäfte von Beaune

In Beaune gibt es ein paar besonders anziehende Geschäfte für den Weinliebhaber.

Beaune Choses (10, place Carnot; Tel. 03 80 22 11 56)
Geschenkladen mit schönen Karaffen, *Tastevins* (Probeschalen) u. ä.

Athenaeum de la Vigne et du Vin (7, rue Hôtel Dieu; Tel. 03 80 25 08 30)
Fantastische Buchhandlung mit allem, was über den Wein und die Geschichte Burgunds geschrieben wurde; vielleicht das beste Sortiment von ganz Frankreich.

Comptoir Viticole (1, rue Samuel Legay, Petite Place Carnot; Tel. 03 80 22 15 73)
Sehr umfangreiches und komplettes Angebot an Weingläsern, Korkenziehern, Karaffen und dergleichen.

Le Tast'Fromages (Fromagerie Hess) (23, rue Carnot; Tel. 03 80 24 73 51)
Sehr breites Käsesortiment, darunter alle regionalen Burgunder Käse (einschließlich des schwer erhältlichen Cîteaux).

Goûts de France/La Boutique des Domaines (12, rue d'Alsace; Tel. 03 80 25 90 55)
Eine Tochter des Winzers Hubert de Montille (Volnay) bietet hier eine große Auswahl an Weinen von Spitzengütern sowie verschiedene regionale Produkte an.

Denis Perret (40, rue Carnot; Tel. 03 80 22 35 47)
Wunderbare, klimatisierte Weinhandlung, die Weine der Häuser Louis Latour, Louis Jadot, Chanson Père et Fils, Joseph Drouin und Bouchard Père et Fils führt. Bücher und Weinkarten sind hier ebenfalls erhältlich.

Die kaufenswertesten ... Weine von der Côte d'Or

Die Weine vom «goldenen Hang» muss man im Allgemeinen fast mit Gold aufwiegen. Sie sind teuer bis sehr teuer. Nur bei wenigen Herkunftsbezeichnungen gibt es noch einigermaßen erschwingliche Weine. Während ein einfacher Gevrey-Chambertin schon 100 bis 150 Francs kostet, liegen die Preise bei den Weinen der nachstehend genannten Appellationen um mehrere Zehntel niedriger, obwohl sie durchaus beste Qualität bieten können.

Auxey-Duresses

Aus dem östlich von Meursault liegenden Dorf Auxey-Duresses kommen vor allem Rotweine, die liebenswert und samtig-fruchtig, aber auch etwas eckig sein können. Aber im Durchschnitt sind die Weißweine attraktiver. Die besten, die von *Premiers crus* wie Les Duresses und Le Val stammen, wirken manchmal sogar wie eine etwas leichtere und mineralischere Ausgabe des Meursault. Übrigens könnte Auxey-Duresses genauso gut Auxey-Prunier heißen, denn dem Familiennamen Prunier begegnet man hier überall.

Auxey-Duresses

Empfohlene Hersteller: Domaine Jean-Pierre Diconne, André et Bernard Labry (in Melin), Domaine Jean et Gilles Lafouge, Henri Latour et Fils, Leroy (Handelshaus), Clos du Moulin au Moines, Domaine Jean-Pierre et Laurent Prunier, Michel Prunier, Pascal Prunier, Domaine Vincent Prunier (hat auch einen guten Saint-Aubin), Philippe Prunier-Damy und Dominique et Vincent Roy. Mit Ausnahme der Labrys sind alle am Ort ansässig.

Chorey-lès-Beaune

Die meisten Rebberge von Chorey-lès-Beaune liegen auf einem ebenen Gelände westlich der Route nationale, wobei die berühmte Anbaufläche Les Beaumonts an die Herkunftsbezeichnung Savigny-lès-Beaune grenzt. Der Boden ist kalk- bis tonhaltig. Der Tonboden liefert die tanninreichsten Weine, während der Kalkboden weichere und elegantere Weine ermöglicht, die häufig ein angenehmes Himbeer- und Kirscharoma haben.
Empfohlene Hersteller: Michel Arnoux Père et Fils, Château de Chorey-lès-Beaune/Jacques Germain, Bernard Dubois et Fils, Domaine Dubois d'Orgeval, François Gay, Domaine Largeot, Domaine Mail-

Château de Chorey-lès-Beaune

Die Kirche Cheilly-lès Maramges

lard Père et Fils, Domaine Martin-Dufour und Tollot-Beaut et Fils.

Maranges

Bei dieser Herkunftsbezeichnung handelt es sich um einen vergessenen Winkel der Côte d'Or, zumal er nicht im gleichnamigen Departement, sondern in Saône-et-Loire liegt. Zudem gibt es diese Appellation erst seit 1989. Die überwiegend roten Weine sind im Allgemeinen etwas leichter und frischer als die aus dem benachbarten Santenay, aber es gibt immer häufiger Ausnahmen von dieser Regel. So vereint etwa der Maranges La Fuissière Premier cru von Vincent Girardin, der von etwa 50 Jahre alten Rebstöcken stammt, Eleganz mit viel fleischiger Frucht und einem Anflug von würzigem Holz. Die Appellation umfasst drei Gemeinden in hügelreichem Gelände: Cheilly-lès-Maranges, Dezize-lès-Maranges und Sampigny-lès-Maranges.
Empfohlene Hersteller: Domaine Gérard Berger et Fils, Domaine Jean-François Bouthenet, Domaine Marc Bouthenet, Domaine du Château de Mercey und Domaine Catherine et Fernand Chevrot (macht auch einen guten Hautes Côtes de

Vincent Girardin

Beaune) in *Cheilly-lès-Maranges*; Domaine Bachelet et ses Fils, Maurice Charleux, Yves Contat-Grangé, Domaine Edmond Monnot, Bernard Regnaudot und Jean-Claude Regnaudot in *Dezize-lès-Maranges;* Eric Duchemin in *Sampigny-lès-Maranges* sowie Domaine Roger Belland und Vincent Girardin (Weinbauer und -händler) in *Santenay*.

Marsannay

Maranges ist die südlichste Herkunftsbezeichnung der Côte d'Or und Marsannay die nördlichste. Die wichtigste Gemeinde von Marsannay, Marsannay-la-Côte, dient auch als Schlafstadt für das benachbarte Dijon. Die beiden anderen Gemeinden des Gebiets sind Couchey und Chenove. Der rote Marsannay ist ein einigermaßen kerniger Burgunder, der häufig fruchtige und tierische Noten aufzeigt, während der weiße meist einen ziemlich leichten und frischen Geschmack erkennen lässt. Eine besondere Spezialität ist der Rosé, der in Marsannay-la-Côte erstmals 1919 bereitet wurde. Als Basis diente Pinot noir. Der lachsfarbene, charaktervolle Wein ist ziemlich körperreich und besitzt weiche, verführerische Frucht.

Empfohlene Hersteller: Domaine Bart, Domaine Régis Bouvier, René

Marsannay-la-Côte

Bouvier, Domaine Bruno Clair, Domaine Collotte, Derey Frères (in *Couchey*), Domaine Fougeray de Beauclair, Jean Fournier, Olivier Guyot, Domaine Huguenot Père et Fils, Château de Marsannay und Domaine du Vieux Collège/Jean-Pierre et Eric Guyard.

Abgesehen von Derey Frères sind alle diese Weinproduzenten ortsansässig.

DER HÄUFIGSTE SCHREIBFEHLER

In allen möglichen Büchern und Führern wird Monthelie falsch geschrieben, nämlich mit einem Akzent: Monthélie. Wie der ehemalige Bürgermeister des Ortes erklärte, lautete die richtige Aussprache des Dorfnamens aber *Mont'lie*.

Monthelie

Der Rotwein von Monthelie – es gibt auch ein wenig Weißwein – kann als ein Volnay der armen Leute eingestuft werden. Die Weine aus den gleichnamigen, aneinander gereihten Dörfern sind deutlich verwandt: ein guter Premier cru aus Monthelie, etwa der Les Champs Fuillots, kann gut mit einem einfachen Volnay mithalten. Beide haben eine gewisse Eleganz und einen liebenswerten, von dunklen und roten Kleinfrüchten geprägten Charakter. *Empfohlene Hersteller:* Eric Boigelot, Domaine Denis Boussey, Domaine Bouzerand-Dujardin, Domaine Changarnier, Didier Darviot-Perrin, Michel Deschamps, Domaine Dupont-Fahn (bietet auch einen

Saint-Aubin liefert gute Weiß- und Rotweine

Saint-Romain liegt isoliert am Fuß eines steilen Felsens

Meursault und einen Rosé de Pinot Noir), Paul Garaudet, Château de Monthelie und Domaine Monthelie-Douhauret.
Alle sind am Ort ansässig.

Saint-Aubin

Die besten Weine von Saint-Aubin sind die weißen. Das Dorf ist durch einen mit Reben bestandenen Hügel von Chassagne-Montrachet getrennt. Sie vereinen Kraft mit einem Aroma aus Nüssen, das auch Töne von tropischen Früchten, Toasttönen, Blumen und einen Schuss Rahm mit Honig enthalten kann. Die besten Weine können sich fast mit denen von Chassagne-Montrachet messen. Zur Gemeinde Saint-Aubin gehört auch der Weiler und das Schloss Gamay. Dort soll die gleichnamige blaue Rebsorte erst mals angepflanzt worden sein.
Empfohlene Hersteller: Gilles Bouton, Domaine Marc Colin et Fils, Sylvain Langoureau und Domaine Larue in dem Weiler *Gamay* sowie Jean-Claude Bachelet, Domaine de Brully, Hubert Lamy, Domaine Henri Prudhon et Fils, Domaine Roux Père et Fils und Gérard Thomas in *Saint-Aubin* selbst.

Der untere Ortsteil von Saint-Romain

Saint-Romain

In dem aus einem flachen und einem erhöhten Ortsteil bestehenden Saint-Romain wird ungefähr genauso viel Weiß- wie Rotwein hergestellt. In qualitativer Hinsicht sind die Weißweine am interessantesten, denn die blauen Trauben reifen in dem etwas kühlen örtlichen Mikroklima nicht so leicht wie die grünen. In sonnigen Jahren gelingen die Rotweine jedoch besonders gut und können etwa mit den Beaune-Weinen konkurrieren. Der Weißwein ist rund und weist eine weiche, zuweilen etwas mineralische Frische neben saftiger Frucht auf. *Empfohlene Hersteller:* Christophe Buisson (kosten Sie auch seinen Auxey-Duresses), Domaine Henri et Gilles Buisson, Bernard Fèvre (ebenfalls Auxey-Duresses), Domaine Germain Père et Fils, Alain Gras, Thierry Guyot (biodynamische Weinbereitung) und Domaine René Thévenin Monthelie et Fils.

DIE BERÜHMTESTE WEINKÜFEREI

Mitten in Saint-Romain (im flachen Teil) befindet sich die berühmte Küferei François Frères. Die dort hergestellten Fässer werden in die ganze Welt verschifft, bis nach Lateinamerika und Südafrika. Einer der Gebrüder François hat einmal gesagt, ihre Fässer gerieten so gut, weil es in «Saint-Romain eine besondere Luftvibration gibt, durch die das Holz besser altert als anderswo». Winzergarn?

Die gastlichsten ... Adressen der Côte d'Or

Je leichter ein Burgunderhersteller seinen Wein absetzt, desto weniger ist er an Besuchern interessiert, die nicht zum Kreis der Stammkunden gehören. Die berühmtesten Güter haben oft nicht einmal genug Vorrat, um die Nachfrage der festen Abnehmer zu decken. Warum sollten sie also potenzielle neue Käufer empfangen? Und wozu auch noch Kostproben servieren? Viele Handelshäuser verkaufen sowieso nicht direkt an die Endverbraucher. Kurzum, der Weinliebhaber muss darauf gefasst sein, dass ihm in Burgund, insbesondere im Gebiet Côte d'Or, die Türen vieler namhafter Winzereien verschlossen bleiben. Trotzdem gibt es auch Güter und Häuser, in denen der Weintourist ein gern gesehener Gast ist. Man erkennt sie an dem Aushängeschild mit den zwei Weingläsern und dem Text *Bourgogne de Vignes en Caves*. Die zu diesem Verband gehörigen Besitztümer oder Firmen haben eine Satzung unterschrieben, in der sie sich verpflichten, Besuchern einen «warmen und persönlichen» Empfang zu bereiten und sie mindestens einen Wein umsonst verkosten zu lassen. Auch in der Côte d'Or gibt es solche gastlichen Winzer. Die folgende Auswahl führt diejenigen von ihnen auf, die bezüglich Weinqualität am interessantesten sind. Genannt werden sie nach Gemeinden, von Norden nach Süden. Bei den Winzern, die Wert auf Voranmeldung legen, ist auch die Telefonnummer angegeben.

Marsannay-la-Côte
Château de Marsannay
Auf diesem Weingut, dessen offizieller Name Domaine de l'Argillière lautet, kann man unter anderem einen guten Marsannay Rosé verkosten.

Fixin
Domaine Berthaut
Kraftvolle Rotweine mit Charakter, die traditionell bereitet werden.

Domaine Joliet Père et Fils
Von Mönchen gebautes Gutshaus aus dem 12. Jahrhundert. Der einzige Hersteller von Fixin Clos de la Perrière.

Gevrey-Chambertin
Domaine Tortochot
Seit drei Generationen in Familienbesitz befindlich. Die gegenwärtige Eigentümerin ist Chantal Tortochot. Elegante Weine, Probe nach Vereinbarung (Tel. 03 80 34 30 68).

Domaine Trapet
Das Gut besitzt Parzellen von drei(!) Grand crus am Ort sowie in verschiedenen Premiers-cru-Parzellen. Am Wochenende und im August geschlossen.

Das Winzerdorf Fixin

Morey-Saint-Denis
Domaine Jean Raphet et Fils
Im Dorfkern gelegenes Gut, dessen Weine vor allem in guten Jahren wunderbar sind. Sonn- und feiertags geschlossen.

Chambolle-Musigny
Château André Ziltener
Hier wird dem Auge viel geboten, unter anderem ein Kellermuseum, das den Mönchen von Cîteaux gewidmet ist. Außerdem luxuriöser Hotelbetrieb.

Vougeot
Domaine C. Confuron
Gute Adresse, um Weine aus Vougeot und anderen Dörfern zu probieren, vor oder nach dem Besuch des Château de Vougeot. Am Wochenende geschlossen.

Vosne-Romanée
Domaine François Gerbet/
La Maison des Vins
Von zwei Frauen geführtes Gut, das herrliche Weine liefert. Ein Probierlokal befindet sich am Kirchplatz.

Nuits-Saint-Georges
Domaine Philippe Gavignet
Die Weinprobe findet in einem einfachen Raum statt, in dem alte Weingeräte stehen. Die Rotweine haben Charme. Samstags und sonntags geschlossen.

Domaine Remoriquet
Die Gebrüder Gilles und Henri haben sich auf kernige, solide Weine zum Weglegen spezialisiert. Sonntags nachmittags kein Besuch.

Moillard-Grivot
Großes Handelshaus, das insbesondere herrliche Weine vom eigenen Gut anbietet. Die Fässer lagern in einem Kellergewölbe.

Prémeaux-Prissey
Domaine R. Dubois et Fils
Mit Elan und Sachkunde geführtes Besitztum, wo sowohl die Rot- als auch die Weißweine sehr empfehlenswert sind. Sonntags geschlossen.

Ladoix-Serrigny
Domaine Edmond Cornu
Ziemlich großes Gut, das neben den Weinen von Ladoix auch einen imponierenden Corton-Bressandes bereitet. Sonn- und feiertags geschlossen.

Probierstube im Château André Ziltener

Aloxe-Corton
Château de Corton André
Prachtvolles kleines Schloss im Besitz des Hauses La Reine Pédauque. Die Weine aus eigenem Anbau, zum Beispiel der Corton-Charlemagne, sind die besten.

Pernand-Vergelesses
Domaine Denis Père et Fils
Der Star im Angebot, das auch einen Corton-Charlemagne enthält, ist der Premier cru Ile des Vergelesses. Sonntags geschlossen.

Savigny-lès-Beaune
Doudin-Naudin
Das ungefähr 150 Jahre alte Handelshaus liefert körperreiche Rot- und kraftvolle Weißweine, teilweise aus eigenem Anbau. Am Wochenende und von Mitte Juli bis Mitte August geschlossen.

Beaune
Domaine Albert Morot
Das Unternehmen residiert im Château de la Creusotte an der Südseite der Stadt. Es bietet Weine in traditionellem Stil. Sonntags und zur Erntezeit geschlossen.

Lycée Viticole de Beaune
Hier bereiten Schüler unter Aufsicht ihrer Meister äußerst zuverlässige Weine. Samstagnachmittags sowie sonn- und feiertags geschlossen.

Am Eingang von Château de Pommard

Patriarche Père et Fils
Die Keller des Gutes sind die größten und gehören zu den schönsten Burgunds. Im Eintrittspreis ist die Weinprobe inbegriffen.

Pommard
Château de Pommard
Das Château aus dem 18. Jahrhundert wird vom größten zusammenhängenden Rebberg Burgunds umgeben. Der Wein ist gut und teuer. Von April bis in die zweite Novemberhälfte geöffnet.

Domaine Lejeune
Kleines Gut, am Fuße des Kirchturms gelegen. Hier werden ein paar große Pommards bereitet. Anmeldung gern gesehen (Tel. 03 80 22 90 88).

Domaine Mussy
Sehr traditionell ausgerichtetes Familienunternehmen, das schon seit 1746 in Pommard ansässig ist. Die Weine sind kräftig und komplex. Sonntags geschlossen.

Volnay
Domaine Rossignol Février Père et Fils
Schon allein der fruchtige, elegante und zur Reifung geeignete Volnay lohnt einen Besuch. Sonntags geschlossen.

Die Rückseite von Château de Mersault

Domaine Christophe Vaudoisey
Hier werden – im Schatten der Kirche – köstliche Volnays ausgeschenkt, darunter auch Premiers crus. Sonntags geschlossen.

Auxey-Duresses
Domaine André et Bernard Labry
Das im benachbarten Dorf Melin ansässige Unternehmen bietet attraktive Weine von der Côte de Beaune und den Hautes Côtes. Sonn- und feiertags geschlossen.

Saint-Romain
Domaine Henri et Gilles Buisson
Bei der Weinprobe im Kellergewölbe bekommt man 14 (!) verschiedene Appellationen angeboten. Sonntags geschlossen.

Domaine Germain Père et Fils
Die Rotweine haben genug Körper für die Fasslagerung. Sonntags geschlossen.

Meursault
Château de Meursault
Hier gibt es eine wunderbare Gemäldesammlung zum Thema Wein – und köstliche Weine. Im Besitz von Patriarche Père et Fils.

Domaine Guy Bocard
Hier werden gute Meursaults angeboten, darunter ein sublimer Charmes. Die Keller stammen aus dem 18. Jahrhundert. Sonntags und im August geschlossen.

Puligny-Montrachet
Chartron et Trébuchet/Domaine Jean Chartron
Das Handelshaus und Weingut ist auf Weißwein spezialisiert. Von Mitte März bis Ende November geöffnet.

Saint-Aubin
Domaine Roux Père et Fils
Der von drei Brüdern geleitete Familienbetrieb verfügt über 60 ha Anbaufläche und ist zugleich ein Handelshaus. Sonntags geschlossen.

Chassagne-Montrachet
Domaine Duperrier-Adam
Hier verdienen vor allem die Weißweine Aufmerksamkeit, etwa der Chassagne-Montrachet und der Premier cru Les Caillerets. Samstags geschlossen.

Santenay
Domaine de la Buissière
Man wird in einem beim Château Philippe le Hardi gelegenen Weinkeller von der Familie Moreau empfangen und bekommt einen fruchtigen Clos Rousseau zu trinken.

Domaines G. Prieur
Hier erwarten den Besucher ein kleines Museum, ein schönes Herrenhaus und gefällige Weine. Das Besitztum liegt im ansteigenden Teil des Dorfes. Sonntags geschlossen.

Die besten … regionalen Restaurants

Burgunderweine sind teuer, aber dafür kann man in der Côte d'Or manchmal für erstaunlich wenig Geld vorzüglich essen. Hier folgen die einschlägigen Adressen:

Beaune
Bistrot Bourguignon
(8, rue Monge; Tel. 03 80 22 23 24)
Der Wirt Jean-Jacques Hegner ist ein Feinschmecker. Er serviert zu seinen schmackhaften regionalen Gerichten offene und geschlossene Spitzenweine.

Aushang beim Bistro Bourguignon in Beaune

Caveau des Arches
(10, boulevard Perpreuil; Tel. 03 80 22 10 37)
Gaststätte im Rathauskeller von Beaune (an der Ostseite des Rings). Rustikale Einrichtung, anständige Preise, ordentliche Weinkarte. Sonntags und montags geschlossen.

Ciboulette
(69, rue Lorraine; Tel. 03 80 24 70 72)
Schmackhafte Gerichte, darunter viele regionale Speisen. Kosten Sie die *pied-de-veau vinaigrette*. Attrak-

tives Weinangebot. Montags und dienstags geschlossen.

Ma Cuisine
(Passage Sainte-Hélène;
Tel. 03 80 22 30 22)
Vortreffliche Küche und Weinkarte. Bei den Winzern sehr beliebt. Stellen Sie sich auf lange Wartezeiten ein. Samstags, sonntags und in den Schulferien geschlossen.

Les Tontons
(22, rue Faubourg Madeleine;
Tel. 03 80 24 19 64)
Gemütliche Gaststätte mit ziemlich traditioneller Einrichtung, aber moderner Küche. Hier verkehren die jungen Winzer. Sonntags und montags Ruhetag.

Bouze-lès-Beaune
La Bouzerotte
(Tel. 03 80 26 01 37)
Man schmeckt, dass der Wirt Olivier Robert in Gaststätten mit ein paar Sternen gearbeitet hat. Neben preiswerten Menüs gibt es auch eines mit Trüffeln. Montagabends und dienstags geschlossen.

Corpeau (kurz hinter Puligny-Montrachet, auf der Ostseite der RN 74)

L'Auberge du Vieux Vigneron
(Tel. 03 80 21 39 00)
Vorzügliche Grilladen, Omeletten und Salate zu fairen Preisen, was auch für die Weine gilt. Einfaches Ambiente. Montags und dienstags geschlossen.

Gevrey-Chambertin
Le Petit Caveau
(Tel. 03 80 34 32 83)
Wohlschmeckende Speisen (wie *lapin à la crème*), gute Gevreys, ein erschwinglicher roter Burgunder mit Klasse. Sonntags und montags geschlossen.

Ladoix-Serrigny
Auberge La Miotte
(Tel. 03 80 26 40 75)
Sorgfältig zubereitete und besonders frische Speisen, darunter Fisch. Kleine, aber gute Weinkarte. Altmodische Einrichtung. Sonntagabends bis dienstagabends geschlossen.

Nolay
Restaurant Le Burgonde
(Tel. 03 80 21 71 25)
Gemütliche Gaststätte mit modern-klassischer Küche. Ordentliche Weinkarte. Gehört den Besitzern des Hôtel Panorama in Beaune. Montags geschlossen.

Remigny (zwischen Chassagne-Montrachet und Chagny)
L'Escale
(Tel. 03 85 87 07 03)
Hier bekommt man für wenig Geld große Portionen von etwas veredelten Burgundergerichten serviert. Unter den Gästen sind viele Winzer. Sonntagabends und montags geschlossen.

Santenay
Le Terroir
(Tel. 03 80 20 63 47)
Zu regionalen und etwas experimentelleren Gerichten werden gute Weine aus dem Süden der Côte de Beaune gereicht. Sonntagabends und donnerstags geschlossen.

Volnay
Le Cellier Volnaysien
(Tel. 03 80 21 61 04)
Bekannte Gerichte wie etwa die köstlichen *pommes fondantes* in reichlicher Menge und zu redlichen Preisen. Nur über Mittag und samstagabends geöffnet.

Im Zentrum von Volnay

Die erlebnisreichste ... Weinstraße

Was die Landschaft und die Sehenswürdigkeiten betrifft, sind das Mâconnais und das Beaujolais die reizvollsten Gebiete. Man kann durch beide erlebnisreiche Weinreisen unternehmen, die je nach der Zahl der Beteiligten ein bis zwei – bei längeren Weinproben und Mittagsmahlzeiten sogar drei – ganze Tage dauern können. Die Reise beginnt bei *Tournus*, wo sich eine Ausfahrt der *Autoroute* A6 befindet.

Wie hügelig das Mâconnais ist, zeigt sich schon auf den kurvenreichen D67 und D159, die durch die Weingemeinde Mancey hindurch nach *Brancion* führen. Das mittelalterliche Dorf hat eine feudale Burg, die größte im südlichen Burgund, Markthallen aus dem 14. Jahrhundert und eine romanische Kirche mit wunderbaren Fresken. Zudem hat man von hier einen herrlichen Fernblick.

Verlassen Sie das Dorf auf dem Hügel auf der D14, die zunächst nach Martailly-les-Brancion und dann nach Ozenay führt, wo sie nach *Chardonnay* abbiegt. Die gleichnamige weiße Rebsorte wurde vielleicht nach diesem Ort benannt. Die über tausend Jahre alte Ortschaft hat eine Kirche aus dem 12. Jahrhundert sowie ein Schloss aus dem 16. Jahrhundert vorzuweisen. In der Nähe der örtlichen Weinkooperative steht das Standbild eines Traubenstampfers.

Im nächsten Weindorf, *Uchizy*, gibt es eine ungewöhnlich große Kirche und ein paar ausgezeichnete Weingüter, darunter die Domaine Talmard.

Nehmen Sie nun die schmale D210 bis nach Turissey und anschließend die D55 nach *Lugny*. Diese bedeutende Weingemeinde besitzt – neben der vier Jahrhunderte alten Kirche (mit einem schönen Altaraufsatz)

Die Kirche von Uchizy

und zwei ebenso alten Schlosstürmen – eine vortreffliche Kooperative, bei der man an jedem Wochentag zur Weinprobe willkommen ist. Das Unternehmen liegt auf einem Hügel über dem Dorf und bereitet neben weißen und roten Stillweinen auch einen leckeren Crémant de Bourgogne.

Fahren Sie anschließend in östlicher Richtung auf der D55 zurück, biegen Sie nach Burgy ab, und fahren Sie auf einem Serpentinenweg mit Panoramablick nach *Viré*. Das Dorf besteht aus einem hoch gelegenen Teil, in dem die Kirche mit dem spitzen Turm steht, und einem flachen Teil, zu dem der Dorfplatz mit dem Bacchus-Standbild gehört. Touristen sind auf Château de Viré gern gesehen. Auf dem Anwesen aus dem 16. Jahrhundert wird ein sehr guter Viré-Clessé bereitet.

Fahren Sie weiter in südlicher Richtung, zunächst bis *Quintaine*, wo die angesehene Domaine de Bongran von Jean Thévenet liegt, und dann nach *Clessé*. Dort steht eine etwa 900 Jahre alte Kirche, die sich angenehm von den grellen Gärungsbottichen der örtlichen Kooperative abhebt.

Dank der Wegweiser ist die Straße nach *Azé* leicht zu finden. Dort gibt es eine romanische Kirche, alte Markthallen, ein archäologisches Museum sowie prähistorische Grotten zu besichtigen.

Das historische Gotteshaus von Clessé

Das Benediktinerkloster von Cluny

Verlassen Sie Cluny auf der D980 und der N79 in Richtung Mâcon. An einer bestimmten Stelle führt eine etwas ruhigere Parallelstraße nach *Berzé-le-Châtel*. Die trutzige Burg mit den 13 Türmen, die auf dem Hügel thront, lässt nicht vermuten, dass sie von einem eleganten Garten *à la française* umgeben wird.

Bleiben Sie auf der Parallelstraße. Das nächste Dorf ist *Berzé-la-Ville*, wo die Fresken in der aus dem 12. Jahrhundert stammenden Kapelle Saint-Hugues die Glanzzeiten von Cluny heraufbeschwören.

Zahlreiche Erinnerungen an den Dichter und Politiker Alphonse de Lamartine (1790–1869) birgt die Maison de Lamartine in *Milly-Lamartine*, nur ein paar Minuten von Berzé-la-Ville entfernt. Sie können dort sogar den Vin de Lamartine kaufen.

Cluny liegt etwas außerhalb des Weingebiets. Das Benediktinerkloster aus dem 10. Jahrhundert dort war einst das mächtigste von ganz Europa. Auch seine Ruine ist noch imposant. Man kann sich Skulpturen aus der Abtei im Musée Orchier ansehen, die Pferdeställe besichtigen und sich auf die Suche nach den etwa 80 mittelalterlichen Häusern des Ortes machen.

Bei Berzé-le Châtel

Château de Pierreclos

Der Ausflug führt weiter nach *Pierreclos*. Wer Eintritt bezahlt, bekommt eine Schlossführung, die auch die Küche, die Keller sowie das Brot-und-Wein-Museum einschließt. Außerdem kann man dabei Wein verkosten.

Auf der D177 fahren Sie weiter nach *Vergisson*, eine der Gemeinden mit der berühmten Herkunftsbezeichnung Pouilly-Fuissé. In der Nähe des steilen Felsens, der weit über die Kirchturmspitze hinausragt, hat man die Überreste eines Neandertalers gefunden.

Die nächste Station ist *Davayé*, das zu der mit Pouilly-Fuissé verflochtenen Appellation Saint-Véran gehört. Der Ort bietet eine Weinbauschule, eine romanische Kirche und zwei Schlösser. Auf der Mauer der Kooperative prangt ein modernes Wandbild.

Die folgende Ortschaft, *Solutré*, liegt wie Vergisson am Fuße eines hohen Felsens. Ihr Heimatmuseum besitzt eine prachtvolle Sammlung prähistorischer Funde, die vor Ort ausgegraben wurden. Etwa 100 m vom Museum entfernt wird Ihnen im Keller der Domaine Marc Bressand ein freundlicher Empfang mit Pouilly-Fuissé bereitet.

Solutré mit seinem berühmten Felsen

Fahren Sie weiter zu der Ortschaft *Pouilly*, wo sich eine Kapelle aus dem 15. und ein von Türmen flankiertes Schlösschen aus dem 16. Jahrhundert erheben.

Unsere nächste Station ist der in eine Mulde eingebettete Ort *Fuissé*. Auf Château de Fuissé kann man montags bis freitags absolute Spitzenweine verkosten. Man gelangt auf den Innenhof durch ein Tor aus dem 15. Jahrhundert. Auch in der berühmten Domaine Roger Luquet sind Weinliebhaber willkommen, ausgenommen sonn- und feiertags. Sehen Sie sich auch das Bild über dem Eingang der freistehenden neogotischen Kirche an. Es illustriert den Kampf gegen die Reblaus.

Dem Pouilly-Fuissé ähnliche Weine bekommen Sie in *Loché* geboten (hier hält auch der Hochgeschwindigkeitszug TGV). Der größte Hersteller am Ort ist die Domaine Saint-Philibert. Dort kann man im Vigneroscope einer 40-minütigen Bild- und Tonvorführung über den Weinbau folgen und natürlich einen Pouilly-Loché probieren (dienstags geschlossen).

Der Pouilly-Vinzelles, ein weiterer empfehlenswerter Verwandter des Pouilly-Fuissé, kommt aus Vinzelles. Beachten Sie in diesem ruhigen Dorf das schöne Portal an der romanischen Kirche mit dem schmalen, achteckigen Turm.

Das noch etwas südlicher gelegene *Chaintré* besitzt eine schöne Wandmalerei an der Kirche. Von hier aus fahren Sie über Chânes nach *Saint-Vérand*. Die sorgfältig restaurierte kleine Ortskirche aus dem 12. bzw. 15. Jahrhundert ist im Innern mit

Das von Weinbergen umgebene Saint-Vérand

einem Fresko verziert. Im Freien steht ein hölzerner Brunnen, ein Geschenk der höchst gelegenen Gemeinde Frankreichs, Saint-Véran (in Queraz).

Nun kommen Sie in die erste (und nördlichste) Gemeinde des Beaujolais-Gebiets, *Saint-Amour-Bellevue*. Der Ort besteht aus mehreren kleinen Dörfern. Am höchsten liegt *Le Bourg* mit einer Kirche aus dem 12. Jahrhundert. Von Juni bis August kann man täglich an der Weinprobe im Caveau de Saint-Amour am großen Dorfplatz teilnehmen. Ein kleines Standbild bei der Festhalle ist dem römischen Legionär und Märtyrer Amor(e) oder Amator gewidmet, dessen Name die Gemeinde – wie ihr Wein – trägt.

Neben dem Saint-Amour ist der *Juliénas* einer der zehn *Crus* des Beaujolais. Das gleichnamige Dorf liegt etwas südlicher und bietet an Sehenswürdigkeiten das Château de Juliénas (das auch ein Weingut ist), Château du Bois de la Salle (wo man den Wein der Kooperative kosten kann), die Maison de la Dîme, ein Zollhaus aus dem 16. Jahrhundert, und den Cellier de La Vieille Eglise, eine ehemalige Kirche, in der von Mai bis Oktober der örtliche Wein ausgeschenkt wird (dienstags geschlossen). In Juliénas gibt es auch ein gutes Restaurant, Le Coq au Vin.

Das dritte *Cru* auf dieser Weintour finden Sie in *Chénas*, dessen große graue Kirche von lauter Weinheiligen

Ein empfehlenswertes Gasthaus in Juliénas

umstellt ist. Die Probierstube Caveau du Cru Chénas ist von Mitte Juli bis Ende September täglich und das restliche Jahr über sonntags geöffnet. Auch im Kellergewölbe des Château de Chénas, das im Besitz der örtlichen Kooperative ist, kann man Wein verkosten.

Le Hameau du Vin

Der Weg von Chénas nach *Romanèche-Thorins* führt an der Windmühle vorbei, nach der das *Cru* Moulin à Vent benannt wurde. Im Gemeindehaus von Romanèche-Thorins befindet sich das Musée du Compagnonnage, in dem rund 100 Modelle von Holztürmen ausgestellt werden, angefertigt von der französischen Zimmermannsinnung. Weinliebhaber müssen unbedingt Le Hameau du Vin besuchen, ein vorzügliches, ganz dem Wein gewidmetes Museum. Es ist in einem ehemaligen Bahnhof untergebracht. Gegründet wurde es von dem Weinhändler Georges Dubœuf. Natürlich bekommt man dort dessen Weine serviert.

In *Fleurie*, wo das Gelände hügeliger wird, bereitet man den «beaujolaisartigsten Beaujolais». Man kann ihn vom 1. März bis zum 15. Dezember täglich im Caveau du Cru Fleurie probieren. Am ersten Novemberwochenende findet in Fleurie eine große Weinmesse statt.

Aus dem gewöhnlich recht stillen *Chiroubles* kommen die geschmeidigsten *Crus*. Das Dorf liegt 400 m hoch, aber wer die chaletartige Probierstube (sonntagmorgens und im

Eines der zahlreichen Probierlokale

Januar geschlossen) besuchen will, muss noch höher klettern.

Sehr eindrucksvoll sind die unter dem Schloss befindlichen Weinkeller (mit Verkostung) von *Villié-Morgon*, einer *Cru*-Morgon-Gemeinde. Ab März sind sie täglich geöffnet.

Die nächste Station auf der an den *Crus* entlangführenden Route ist *Régnié-Durette*, Heimat des Régnié. Lassen Sie Ihr Fahrzeug bei der Kirche (die Sie an den zwei Türmen orten) des Ortsteils Régnié und genießen Sie die Aussicht, die sich hinter der Kirche bietet. Gehen Sie dann im Caveau des Clochers ein Glas Wein trinken. Diese Probierstube ist die ganze Woche offen, hat aber am Mittwoch Ruhetag. Das Krankenhaus von Beaujeu (Hospices de Beaujeu) besitzt ein Weingut in Régnié-Durette. Es trägt den Namen Cuvage de la Grange Chartron

Die Kirche von Régnié-Durette mit ihren beiden mächtigen Türmen

und verkauft seinen Wein an Ort und Stelle.
Die Bezeichnung Beaujolais leitet sich von *Beaujeu* her, einem freundlichen Provinzort, den man von Régnié-Durette aus schnell erreicht. Im Musée des Arts et Traditions Populaires Marius Audin sind alte Möbel, Puppen, Spielzeug und sogar ein Klassenzimmer zu besichtigen. Über die regionale Weingeschichte kann man sich im Pôle Œnologique et Touristique Les Soyrces du Beaujolais informieren. Der Beaujolais Villages lässt sich das ganze Jahr über in Le Temple de Bacchus verkosten.
Fahren Sie auf der D37 in südöstlicher Richtung zurück, und machen Sie einen Abstecher in die Dörfer am *Mont Brouilly*. Dort werden zwei *Crus* bereitet, der *Côte de Brouilly*, der vom Berg selbst stammt, und der *Brouilly*. Welcher Unterschied zwischen den beiden Weinen besteht, erfahren Sie in der Cuvage des Brouillys, die an der Hauptstraße von *Saint-Lager* liegt (täglich geöffnet, jedoch im Januar und Februar geschlossen). Von den vielen Châteaux in der Gegend lohnt vor allem Château de la Chaize in *Odenas* den Besuch. Es steht in einem großen Park, hat einen wunderbaren Keller und eine Einrichtung im Stil Ludwig XIV.

In Beaujeu

Übrigens mundet auch der Wein dort.
Das berühmteste Dorf im Süden des Beaujolais-Gebiets ist *Vaux-en-Beaujolais*, das Modell für den Schauplatz der auch ins Deutsche übersetzten Clochemerle-Romane von

Gabriel Chevallier gestanden hat. Da sich im ersten Band des unterhaltsamen Buches alles um ein Urinoir dreht, hat Vaux eine besonders luxuriöses Variante davon neben die romanische Kirche bauen lassen. Von April bis Oktober kann man den örtlichen Wein im Caveau de Clochemerle verkosten. Vaux besitzt auch ein kleines Museum, Musée Viticole et Agricole. In dem hübschen Dorf weisen schwarze Metallschilder den Weg zu Geschäften und Handwerksbetrieben.

Die Straße, die von Vaux nach *Salles-Arbuissonas* führt, bietet ein paar außergewöhnliche Fernblicke. Dieser Teil des Beaujolais ist eigentlich noch schöner als der nördliche. Das Kloster des Ortes, das die Mönche von Cluny gegründet haben, besitzt einen Kapitelsaal mit bunten Fresken sowie einen Ruhe spendenden Klostergang.

Obwohl Sie weiter im Süden des Beaujolais noch ein paar schöne Dörfer finden würden, die an der *Route pierres dorées* (ockerfarbenes Gestein) liegen, endet diese Tour in *Blacé* mit seinem Schloss aus dem 19. Jahrhundert.

Bei Villefranche-sur-Saône gelangen Sie schließlich wieder zurück auf die A6.

Das Beste ... von Bouzeron

Eine der kleinsten Herkunftsbezeichnungen Burgunds ist Bouzeron. Der Name stammt von dem gleichnamigen Dorf im Norden der Côte Chalonnaise. Das Anbaugebiet umfasst nur etwa 60 ha. Die einzige Rebsorte ist Aligoté. Früher war diese Rebe verpönt, weil sie so saure Weißweine lieferte, dass der Kanoniker Kir ein Getränk kreierte, das aus Bourgogne Aligoté und Crème de Cassis besteht: Erst der süße Johannisbeerlikör machte den Wein genießbar. In den 1970er- und 80er-Jahren haben jedoch mehrere Hersteller mit der sachkundigen Vinifikation des Aligoté begonnen, sodass sich der Wein stark verbessert hat. Das geschah unter anderem in der Umgebung von Chablis, in den Hautes Côtes und in Bouzeron. Pionierarbeit auf diesem Gebiet leistete Aubert de Villaine, der die Aligoté-Rebe auf einen guten Boden pflanzte und einen geringen Hektarertrag in Kauf nahm. Acht andere Winzer folgten ihm, und dadurch wurde Bouzeron mit seinem Bourgogne Aligoté so bekannt, dass es von 1979 an den Ortsnamen auf das Etikett setzen durfte und neun Jahre später seine eigene Appellation erhielt. Die besten Hersteller sind alle am Ort ansässig: Domaine Chanzy, Domaine France Léchenault und Domaine Aubert et Paméla de Villaine.

Das Winzerdorf Bouzeron

Die besten ... Crémants de Bourgogne

Pinot noir und Chardonnay, die besten Rebsorten Burgunds, sind auch die Basis fast aller besseren Champagner. So ist es auch nicht verwunderlich, dass ein Crémant de Bourgogne eine attraktive Alternative zum Champagner sein kann, zumal dieser Schaumwein nach demselben Prinzip hergestellt wird. Die beste Qualität finden Sie bei den folgenden Herstellern, die häufig in der Côte Chalonnaise (vor allem in Rully) und im Mâconnais (viele Kooperativen) ansässig sind.

Schloss Rully

Chablis und Umgebung

Caves de Bailly (Bailly/Saint-Bris-le-Vineux)
Bietet zahlreiche, sehr zuverlässige Weine, darunter die Marke Meurgis. Riesige Kellergrotte.

La Chablisienne (Chablis)
Insbesondere die Jahrgangs-Crémants sind empfehlenswert.

Domaine Verret (Saint-Bris-le-Vineux)
Bescheidener Produktionsumfang. Im Standard-Crémant werden auch regionale Reben wie Sacy verwendet.

Côte d'Or

Domaine Albert Boillot (Volnay)

Louis Bouillot (Nuits-Saint-Georges)
Vorbildliche Weine; die Marke gehört der Gruppe Jean-Claude Boisset.

Moingeon (Nuits-Saint-Georges)
In das Unternehmen wurde seit 1995 viel investiert, was die Qualität des Weins stark verbessert hat.

Parigot-Richard (Savigny-lès-Beaune)
Hier hat man sich auf Crémants spezialisiert. Die besten sind von überragender Güte.

Côte Chalonnaise

Cave de Bissey (Bissey-sous-Cruchaud)

André Delorme (Rully)
Außergewöhnlich zuverlässig. Stellt auch moussierende Weine für zahlreiche andere, meist kleinere Winzer her.

Domaine Christian et Bruno Denizot (Bissey-sous-Cruchaud)

Domaine Bernard Dury (Merceuil)

D'Heilly Huberdeau (Moroges)

Domaine Michel Isaïe (Saint-Jean-de-Vaux)

Louis Picamelot (Rully)

Albert Sounit (Rully)

Veuve Ambal (Rully)

L. Vitteaut-Alberti (Rully)

Mâconnais

Cave d'Azé

Domaine d'Azenay (Azé)
Im Besitz des Drei-Sterne-Kochs Georges Blanc.

Cave d'Igé (Igé)

Cave de Lugny (Lugny)

Cave de Verzé (Verzé)

Die vorzüglichsten ... Premiers crus

Die in die *Premier-cru*-Klasse eingestuften Rebberge bilden in Burgund eine Kategorie zwischen den *Grands crus* und den Weinen mit einer lokalen Herkunftsbezeichnung. In manchen Gemeinden, darunter Beaune, Meursault, Nuits-Saint-Georges, Pommard und Volnay, liefern sie sogar die beste Qualität, weil es dort keine *Grands crus* gibt. Insgesamt hat Burgund 562 *Premiers crus vorzuweisen.* Welche von ihnen die besten Weine erzeugen, entnehmen Sie der nachfolgenden Auswahlliste.

Chablis

Chablis

Ausschließlich Weißweine, häufig mineralisch, frisch und ein wenig würzig-fruchtig, wobei die besseren Sorten auch Eichenholzspuren aufweisen.
Fourchaume, Mont de Mileu und Montée de Tonnerre.

Die Kirche von Chablis

Côte d'Or

Die Weingüter sind von Norden nach Süden geordnet.

Das Napoleondenkmal in Fixin

Fixin

Hauptsächlich Rotweine, meist mit viel Farbe und Kraft.
Les Arvelets, Clos du Chapitre, Clos de la Perrière und Les Hervelets.

Gevrey-Chambertin

Ziemlich energische, vollmundige Rotweine, deren Aroma oft dunkle (Kirsche) und rote Frucht (Himbeere, Erdbeere) verrät. Holztöne verleihen diesen *Premiers crus* besondere Tiefe. Die besten können durchaus mit einigen *Grands crus* mithalten.
Les Cazetiers, Clos Saint-Jacques, La Combe aux Moines, Aux Combottes und Lavaux Saint-Jacques.

Moray-Saint-Denis

Dieses Dorf liegt zwischen den Ortschaften Gevrey-Chambertin und Chambolle-Musigny. Für seine Rotweine gilt dasselbe: Sie sind leichter als die Gevreys und voller als die Chambolles. Hier handelt es sich bildlich gesprochen nicht um Baritone oder Soprane, sondern um Tenöre. Sie werden fast immer von milder, weicher Frucht mit einem Anflug von Blümchen, Gewür-

Am Eingang von Gevrey-Chambertin

zen und manchmal Schokolade geprägt. Etwas Weißwein wird hier ebenfalls bereitet.
Clos des Ormes, En la Rue de Vergy und Monts Luisants.

Chambolle-Musigny

Die Weine dieser Gemeinde gehören zu den zartesten, feinsten und bezauberndsten der ganzen Côte d'Or. Schon die Namen der

Weinhandlung in Vougeot

Rebberge klingen entsprechend, zum Beispiel Les Amoureux und Les Charmes.
Les Charmes, La Combe d'Orveau und Les Sentiers.

Schloss Gevrey-Chambertin

Vougeot

In Vougeot hat der Boden fast überall *Grand-cru*-Qualität, dank des über 50 ha großen Clos (de) Vougeot. Aber es gibt hier auch ein paar gute rote und weiße *Premiers crus*.
Clos Blanc de Vougeot, Clos de la Perrière und Les Cras.

ETIKETTENVARIANTEN

Auf den Flaschenetiketten werden die Namen der *Premiers crus* von den Herstellern ganz unterschiedlich angegeben: in Einzahl oder Mehrzahl, mit oder ohne Artikel und mit vielen anderen Abweichungen.

Vosne-Romanée von der Route nationale aus gesehen

Vosne-Romanée

Diese Gemeinde wurde von Gaston Roupnel als «die innerste Perle der burgundischen Halskette» bezeichnet. Hier werden wunderbare *Premiers crus* bereitet, die mit der Zeit einen Satingeschmack, verführerische Frucht- und schmeichelndes Holztonaromen aufweisen.

Les Beaux Monts, Les Brûlées, Les Malconsorts, En Orveaux, Les Petits Monts, Aux Réas und Les Suchots.

In Nuits-Saint-Georges

Nuits-Saint-Georges

In den 1830er-Jahren wollte das Weinbausyndikat von Nuits-Saint-Georges nicht zu sehr zwischen den besseren Rebberge differenzieren. Aus diesem Grund besitzt diese Gemeinde nur *Premiers crus* und keine *Grands crus*. Die Rotweine haben relativ viel Farbe und Körper und eignen sich zum Lagern. Weißwein gibt es nur in sehr beschränktem Umfang.

Les Argillats, Les Boudots, Clos Arlot, Clos des Porrets Saint-Georges, Les Damodes, Les Murgers, Les Perrières, Les Pruliers und Les Saint-Georges.

Ladoix
Das Dorf Ladoix-Serrigny bietet einen Teil seiner Ernte als Ladoix an. Die Rotweine sind manchmal leicht, aber die besseren zeigen sich recht solide und körperreich und schmecken nach roter Frucht und Gewürzen. Der weiße Ladoix vereint Kraft mit Toasttönen.
Les Carrières, La Corvée, Les Gréchons, Les Hautes Mourottes und La Micaude.

Aloxe-Corton
Während der Corton-Gipfel, der das Dorf überragt, imposante *Grands crus* liefert, darunter den weiße Corton-Charlemagne und die körperreichen roten Cortons, kommen aus den niedrigeren Lagen recht solide rote *Premiers crus.*
Les Maréchaudes und Les Valozières.

Pernand-Vergelesses
Quantitativ befinden sich die Weißweine hier in der Minderheit, aber qualitativ sind sie den andern überlegen. Die besten weißen *Premiers crus* erscheinen blumig, fruchtig, rund und vital. Auch die besseren Rotweine haben einen lebendigen Geschmack mit fruchtigen, erdigen und manchmal animalischen Noten.
Les Fichots, Ile des Vergelesses und Les Vergelesses.

Savigny-lès-Beaune
Reife rote Frucht mit erdigen Nuancen und zunächst auch etwas Tannin – das sind die Merkmale vieler Rotweine aus dieser Gemeinde. Die Weißweine sind hier in der Minderheit. Sie weisen im Allgemeinen auch etwas weniger Charakter auf.
La Dominode, Les Guettes/Clos des Guettes, Les Lavières, Les Liards/Aux Grands Liards, Les Marconnets, Les Narbantons, Les Peuillets, Les Serpentières und Les Vergelesses.

In Savigny-lès Beaune

Chorey-lès-Beaune
Das Spektrum der hier bereiteten Rotweine (es gibt auch etwas Weißwein) reicht von tanninhaltig bis zart-duftig. Im Geschmack herrschen Himbeere und Kirsche vor.
Les Beaumonts.

Das vortreffliche Weinmuseum von Beaune

Beaune

In der großen Weingemeinde Beaune ist *Premier cru* die höchste Kategorie. Sie umfasst köstliche Rotweine mit viel Finesse, aber auch viel Körper und häufig zu Kirsche tendierende Frucht. Der weiße Beaune in der *Premier-cru-*Kategorie kann ebenfalls hervorragend sein.

Les Cent Vignes, Champimonts, Clos des Fèves, Grèves, Clos des Mouches, Clos de la Mousse, Clos du Roi, Les Epenottes, Marconnets, Les Theurons und Les Vignes Franches.

Pommard

Das Dorf verdankt seinen Weltruhm den wuchtigen, starken Rotweinen, die Spuren von reifer Pflaume, schwarzer Johannisbeere, Moschus, tierischen Noten und gebranntem Eichenholz enthalten. Man könnte geradezu von «wilden» Weinen sprechen.

Weingut in Pommard

Les Charmots/Clos des Charmots, Clos de Verger, Epenots/Clos des Epenots und Les Rugiens.

Volnay
Die Schlüsselwörter für den – ausschließlich roten – Volnay lauten Grazie, rote und dunkle Frucht, Finesse und manchmal auch Veilchenduft. Zudem werden in der Gemeinde auch kräftigere und tanninhaltigere Weine bereitet.
Les Caillerets, Les Champans/Clos des Champans, Clos de la Bousse d'Or, Clos des Chênes, Clos des Ducs, Fremiets und Les Santenots/Clos des Santenots.

Monthelie
Die besseren Rotweine haben viel Ähnlichkeit mit den Volnays, und der seltene Weißwein ist meist mineralisch-frisch und hat etwas Frucht.
Les Champs Fuillots und Sur la Velle.

Auxey-Duresses
Die hiesigen Rotweine können recht unterschiedlich sein: Manche neigen zum Eckigen und Rustikalen, andere sind dagegen gefällig und nach einer Reifezeit samtig-fruchtig. Die besten Weißweine wirken wie leichte und mineralische Meursault-Versionen.
Les Duresses, Les Grands Champs und Le Val/Clos du Val.

Meursault
In der *Premier-cru*-Kategorie werden hier ausgezeichnete, im Allge-

Ein Straßenschild in Volnay

meinen langlebige Weißweine bereitet, deren fülliger Geschmack sich aus dem harmonischen Zusammenwirken von butterigen, sahnigen und nussigen Elementen mit reifer Zitrusfrucht, Spezereien, Toast und einem Anflug von Honig ergibt. Aus dem Nachbardorf Blagny kommen leckere Rotweine.
Blagny sous le Dos d'Ane, Blagny sous les Puits, Les Charmes/Les Charmes-Dessus, Les Genevrières und Les Perrières/Clos des Perrières.

Puligny-Montrachet
In dieser Weißweingemeinde laufen manche *Premiers crus* den

Grands crus den Rang ab. Das gilt in jedem Fall für den mineralischen Les Folatières, den eleganten Les Pucelles und den kraftvollen Clavoillon.
Champ Canet, Champ Gain, Clavoillon, Clos du Cailleret, Les Combettes, Les Folatières, La Garenne und La Truffière.

Chassagne-Montrachet
Die Rotweine von Chassagne-Montrachet sind meist ziemlich dick und erfordern entsprechende Geduld. Daneben haben die besseren relativ viel rote Frucht, darunter oft Kirsche. Die anspruchsvolleren Weißweine sind oft frisch, füllig und komplex.

Abbaye de Morgeot, La Boudriotte, Les Caillerets, Les Chenevottes, Clos Saint-Jean, La Dent de Chien, Les Grandes Ruchottes, La Maltroie, Morgeot (einschließlich Clos Charneau und Clos Pitois) und Les Ruchottes.

Saint-Aubin
Die Weißweine von Saint-Aubin sind ihr Geld garantiert wert. Sie haben im Allgemeinen viel Körper, tropische Frucht, Nüsse, Toasttöne, blumige Nuancen und oft auch Anflüge von Honig und Rahm. Der beste Rotwein schmeckt meist ein wenig nach schwarzer Johannisbeere, anderem Beerenobst, reifer roter Frucht sowie Holz.
La Chatenière/Clos de La Chatenière, Les Cortons, Les Frionnes, Murgers des Dents de Chien, La Pucelle und En Rémilly.

Santenay
Die Spitzenrotweine aus Santenay entfalten ihren Geschmack zunächst nicht ganz und sind recht körperreich. Neben dem nicht geringen Fruchtanteil machen sich häufig auch Lorbeer, Lakritze und Toast bemerkbar. Solche Santenays kommen hauptsächlich aus den *Premier-cru*-Lagen an der Ostseite der Gemeinde, die aus einem flachen und einem in Richtung Chassagne-

Die Kirche St-Jean-de-Narosse in Santenay

Montrachet ansteigenden Ortsteil besteht. Die Weine von der Westseite sind meist etwas leichter. Weißwein wird hier ebenfalls bereitet, zwar in bescheidenem Umfang, aber manchmal von hoher Güte. *Les Beauregards, Clos Rousseau, Comme, Les Gravières, La Maladière und Passe-Temps.*

Maranges
Neben etwas dünneren Rotweinen liefert diese Herkunftsbezeichnung, die drei Dörfer umfasst, auch vollere Burgunder mit saftiger Frucht und würzigem Holz. Den angenehmen Weißwein gibt es nur in verschwindend kleiner Menge. *Les Clos Roussots und La Fussière/ Clos de La Fussière.*

Côte Chalonnaise

Rully
Neben dem Crémant de Bourgogne bekommt man in Rully expressive, vitale Weißweine, die nach Frucht, Blumen, Spezereien, Vanille und Eichenholz schmecken und duften. Die ganz in der Nähe von Chagny befindliche *Appellation* liefert außerdem ein paar leichte und verschiedene fülligere Rotweine. *Grésigny und Les Préaux.*

Mercurey
Der Mercurey ist der Star der Rotweine von der Côte Chalonnaise. Gewöhnlich hat er einen ziemlich kräftigen, aber nicht schweren Geschmack mit roter und dunkler Frucht, Holzaromen und genügend Tannin, um in der Flasche altern zu können. Die viel seltenere weiße Variante weist oft Zitrus- bezie-

Weinparzellen in Mercurey

hungsweise tropische Frucht sowie nussige und mineralische Nuancen auf.
Les Champs Martin, Clos des Grands Voyens, Clos Marcilly, Clos des Montaigus, Clos du Roy, Clos Voyen/Clos des Grands Voyens und En Sazenay.

Givry
Fruchtige und blumige Töne dominieren in den ziemlich weichen und körperreichen Givry-Rotweinen, während in den selteneren Weißweinen Frische, Zitrusfrucht und Strenge harmonisch zusammenwirken.
Clos du Cellier aux Moines, Clos Jus, Clos Salomon, Les Grandes Berges, Les Grandes Vignes und Les Grands Prétans.

Montagny-lès-Buxy

Montagny

In Montagny-lès-Buxy und Nachbarorten wie Buxy wird der einheimische Montagny sehr geschätzt. Er ist ausschließlich weiß und überzeugt durch sein Bukett sowie seinen nussigen, fast butterigen Geschmack, oft mit einen Anflug von getrockneten Südfrüchten. Der Wein ist fast so etwas wie der Meursault der Côte Chalonnaise. *Les Coères und Le Vieux Château.*

In Buxy

Die führenden … Weingüter von Pouilly-Fuissé

Der kalkhaltige Boden bei den Felsen von Solutré und Vergisson bringt einen wunderbaren Weißwein hervor, den Pouilly-Fuissé. In seinem Aroma klingen Südfrüchte und blumige Noten, gebrannte Nüsse, Feuerstein, Honig, Gewürze und Eichenholz an. Hinzu kommt eine angenehme Frische und ausreichend Körper. Die folgenden Güter liefern allererste Qualität.

In Fuissé: Château de Beauregard, Château de Fuissé, Château des Rontets, Domaine Cordier Père et Fils, Domaine J.-A. Ferret, Domaine Roger Luquet, Domaine Robert-Denogent und Domaine la Soufrandise.
In Pouilly: Domaine Pascal et Mireille Renaud und Domaine Vessigaud Père et Fils.

In Solutré: Domaine des Gerbaud.
In Vergisson: Domaine Daniel et Martine Barraud, Domaine Michel Delorme, Domaine Roger Lassarat, Michel Rey, Jacques Saumaize, Domaine Saumaize-Michelin und Domaine des Vieilles Pierres.

Das tonangebende Weingut in Fuissé

Das beste Restaurant am Ort

Die besten ... Beaujolais-Weine

Innerhalb des von der Gamay-Rebe beherrschten Beaujolais-Gebiets, das mit etwa 22 000 ha Umfang das größte Weingebiet Burgunds ist, herrscht eine klare Hierarchie. Der einfachste Wein ist der Beaujolais (einschließlich des Beaujolais Supérieur, der etwas mehr Alkohol enthält), dann folgt der Beaujolais Villages (mit 39 Gemeinden), und obenan stehen zehn *Crus*. Die Letzteren kommen aus dem Norden des Anbaugebiets, wo die besten Böden liegen. Sie enthalten häufig einen Granitanteil. Bei den *Crus* ist der Hektarertrag auch am geringsten; er liegt bei 58 Hektolitern (gegenüber 66 beim Beaujolais und 60 beim Villages). Die *Crus* nehmen ein reichliches Drittel der gesamten Anbaufläche ein. Im Prinzip besitzen die Weine jedes *Cru* einen ganz eigenen Charakter, der im Folgenden beschrieben wird.

Brouilly
Dies ist nicht nur das südlichste, sondern auch das größte *Cru*. Es umfasst sechs Gemeinden, die in der Nähe des Mont Brouilly, eines erloschenen Vulkans, liegen: Cercié, Charentay, Odenas, Quincié, Saint-Etienne-la-Varenne und Saint-Lager. Die besten Weine dieses *Cru* sind ziemlich kräftig und fruchtig, wobei vor allem kleine rote Früchte und ein Anflug von Pflaume auffallen. Im Allgemeinen kann man einen Brouilly jung trinken, etwa ein bis zwei Jahre nach der Ernte.
Empfohlene Hersteller: Château de Bagnols (Saint-Etienne-la-Varenne), Château de la Chaize (Odenas), Paul Cinquin (Saint-Lager), Domaine Cret des Garanches (Odenas), Jean Lathuilière (Cercié), Domaine Laurent Martray (Odenas), Domaine Ruet (Cercié), Georges Viornery (Odenas) und Domaine de Vuril (Charentay).

Weinlandschaft in Brouilly

Chénas

Aus der hügeligen Umgebung des Dorfes Chénas kommen solide Weine, die ein paar Jahre Reifung gut vertragen. Sie duften nicht nur nach Erdbeere, Brombeere, Himbeere und schwarzer Johannisbeere, sondern auch nach Veilchen und anderen Blumen. Ausgereift schmecken sie schön weich. Daher sprechen die Winzer vom Chénas als «einem Blumenstrauß in einem Samtkorb». Manche Weine besitzen auch etwas Holz, da sie im Fass ausgebaut werden.

Empfohlene Hersteller: Domaine Franck Bessone, Daniel et Françoise Bouchacourt (La Chapelle-de-Guinchay), Domaine Champagnon, Domaine de Chênepierre, Hubert Lapierre (La Chapelle-de-Guinchay; er hat auch einen guten Moulin à Vent), Domaine des Rosiers, Domaine Bernard Santé (La Chapelle-de-Guinchay). Soweit nicht anders angegeben, sind die Betriebe in Chénas ansässig.

Chiroubles

Die Rebstöcke wachsen in 350 bis 400 m Höhe, in einer Mulde mit granithaltigem Boden. Der Wein ist meist leicht, blumig und frischfruchtig. Dieser Cru ist am schnellsten von allen trinkreif.

Die Kirche von Chénas

In Chiroubles

Empfohlene Hersteller: Château de Raousset (hat auch einen guten Morgon), Domaine Jean-Pierre Charvet, Domaine Emile Cheysson, Domaine du Clos Verdy, Domaine de la Combe au Loup/Méziat Père et Fils (hat auch einen Régnié), Anne-Marie et Armand Desmures, Domaine de la Grosse Pierre/Alain Passot und Domaine René Savoye.

Côte de Brouilly

Harten, blauen Schiefer enthalten die Hänge des Mont Brouilly, auf denen der Côte de Brouilly wächst. Der 483 m hohe Berg beherrscht die Umgebung. Durch die Bodenbeschaffenheit und die gute Sonnenlage haben die Weine von der Côte de Brouilly mehr Farbe, Kraft und Körper als die Brouillys. Zur Kraft gesellt sich auch eine gewisse Finesse. Häufig weist der Wein auch Abstufungen von Schwertlilien, Veil-

An der Grenze zwischen Brouilly und der Côte de Brouilly

Weinlese am Mont Brouilly

chen, dunkler oder roter Frucht und – seltener – von Gewürzen auf. Die Côte de Brouilly erstreckt sich über die Gemeinden Cercié, Quincié und Odenas.
Empfohlene Hersteller: Château du Grand Vernay (Charentay), Château de Ravatys (Saint-Lager; im Besitz des Institut Pasteur), Château Thivin (Odenas), Domaine de Chardignon (Saint-Lager), Dominique Lacondamine (Odenas; der Wein heißt Les Roches Bleues) und Robert Verger (Saint-Lager).

Blick auf Fleurie

Fleurie
Die saftige rote Frucht, der blumige Duft und der elegante, nicht zu schwere Geschmack machen den Fleurie wohl zur verführerischsten Beaujolais-Sorte. Der Wein trägt den Namen eines hübschen Dorfes, das inmitten magerer, granithaltiger Böden liegt.
Empfohlene Hersteller: Clos de la Chapelle des Bois, Clos des Moriers, Clos de la Roilette, Domaine Paul Bernard, Domaine Chignard, Domaine de la Madone, Domaine Mathray, Domaine Métrat et Fils und Domaine du Point de Jour.

Juliénas

Ein ganz im Norden des Anbaugebiets gelegenes *Cru*, das nicht nur den charmanten, viele Besucher anlockenden Juliénas umfasst, sondern auch einen Anteil Emeringes, Jullié und Pruzilly. Der Wein ist im Allgemeinen recht wuchtig und besitzt genug Rückgrat und Tannin, um zwei oder drei Jahre weggelegt werden zu können. Zudem ist er markant-fruchtig (rote Johannisbeere, Erdbeere, Himbeere und Kirsche) und meist stark farbig. *Empfohlene Hersteller:* Château Bonnet (La Chapelle-de-Guinchay;

Die Dorfkirche von Juliénas

bietet auch einen guten Moulin à Vent), Château de Juliénas, Domaine du Clos du Fief/Michel Tête, Domaine de la Bottière Pavillon, Thierry Descombes (Jullié) und

UNGEKRÖNTER KÖNIG

Ein beträchtlicher Teil der Beaujolais-Weine, einschließlich der Crus, wird von Handelshäusern vertrieben. Den besten Ruf hat das Haus Georges Dubœuf, eine nach ihrem Gründer benannte Firma. Georges wird als ungekrönter König, ja sogar Kaiser des Beaujolais bezeichnet, weil seine Weine einfach hervorragend sind und großen Anklang finden. So befinden sich unter Dubœufs Stammkunden seit Jahren französische Restaurants mit drei Sternen. Außerdem hat Georges Dubœuf Geschichte gemacht, indem er in dem Ort Romanèche-Thorins, wo sich seine Firma befindet, den einmaligen Komplex Le Hameau du Vin eröffnete. In dem Zentrum, das sich über das Gelände eines ehemaligen Bahnhofs erstreckt, werden alle nur denkbaren Aspekte des Weinbaus und der Weinbereitung hervorragend präsentiert. Natürlich werden dort auch Weinproben veranstaltet.

Domaine des Mouilles. Soweit nicht anders angegeben, sind die Unternehmen in Juliénas ansässig.

Morgon

«Die Frucht eines Beaujolais, der Charme eines Burgunders». So lobt man in Morgon den eigenen Wein. Er ist tatsächlich meist so rund und feurig wie ein Burgunder und genau so körperreich. Sein Aroma tendiert zu reifer schwarzer Kirsche – vor allem, wenn er auf dem einst vulkanischen Mont du Py gewachsen ist, wo der Boden verwitterten Granit und Schiefer sowie Eisen enthält. Die zu diesem Cru gehörige Gemeinde ist Villié-Morgon. Der Keller, in dem die Gemeinde Weinproben veranstaltet, ist der älteste der Gegend. *Empfohlene Hersteller:* Domaine Aucœur, Domaine Jean-Marc Burgaud (hat auch einen Régnié), Domaine François et Jean Calot, Domaine de la Chanaise/ Dominique Piron, Domaine Didier Desvignes, Domaine Louis-Claude Desvignes, Domaine Jean Foillard, Laurent Guillet, Domaine Marcel Lapierre, Domaine des Pillets (hat auch einen Régnié), Domaine Pierre Savoye und Domaine des Souchons.

Moulin à Vent

Das Cru Moulin à Vent erstreckt sich über die Gemeinden Romanèche-Thorins und Chénas. Er erhielt seinen Namen von einer über fünf Jahrhunderte alten Kornmühle, die unter Denkmalschutz steht. Der Moulin à Vent ist im Allgemeinen recht körperreich und besitzt viel Farbe, ein Aroma von roter Frucht (manchmal mit Baumblüte, Gewürzen, Unterholz, Toast und Vanille versetzt) und einen beträchtlichen Alkoholgehalt. Er verfügt auch über genügend Tannin, um vier bis fünf Jahre reifen zu können. *Empfohlene Hersteller:* Château des Jacques (im Besitz des Hauses Louis Jadot in Beaune; hat auch einen hervorragenden weißen Beaujolais), Château du Moulin à Vent, Le Clos du Moulin à Vent, Clos du Tremblay/Paul Janin et Fils, Domaine Les Fines Graves/Jacky Janodet, Domaine Gay-Coporet (Chénas), Domaine Alain Margerand, Domaine du Moulin d'Eole (Chénas), Domaine du Pourpre (Chénas), Georges Dubœuf (Handelshaus, auch Anbieter aller anderen Crus) und Le Vieux Domaine (hat auch einen guten Chénas). Soweit nicht anders angegeben, sind die Betriebe in Romanèche-Thorins ansässig.

Régnié

Dieser Wein wurde erst 1988, Jahrzehnte später als die anderen neun, aus der Taufe gehoben. Er kommt aus der Gemeinde Régnié-Durette zwischen Brouilly und Morgon. Der Régnié hält auch die Mitte zwischen einem Brouilly und einem Morgon: Er ist etwas kräftiger als der erste und nicht ganz so feurig wie der zweite. In Duft und Geschmack ist er gewöhnlich stark von kleinen roten und dunklen Früchten geprägt.
Empfohlene Hersteller: Domaine des Braves/Paul Cinquin, Claudine et Claude Cinquin, Domaine du Coteau de Vallières, Domaine du Cret d'Œillat, Domaine Laboureur, Stéphane Lapute, Domaine de Pouchon, Jean-Paul Rampon, Michel Rampon et Fils und Domaine de la Ronze.

Saint-Amour

Dieses ans Mâconnais grenzende *Cru* schmeckt oft genau so liebreich und zärtlich, wie sein Name vermuten lässt. Ein guter Saint-Amour ist zugleich fruchtig und blumig und wirkt oft beinahe seidig. Der dazugehörige Ort heißt Saint-Amour-Bellevue.
Empfohlene Hersteller: Domaine de l'Ancien Relais, Denis et Hélène Barbelet, Domaine des Ducs, Domaine des Pins und Domaine des Ravinets/Georges Spay. Alle sind in Saint-Amour-Bellevue ansässig.

Index der Weinproduzenten

Fettgedruckte Zahlen verweisen auf fotografische Abbildungen.